LANGENSCHEIDT

Grundwortschatz Deutsch

Übungsbuch

von

Jutta Müller und Heiko Bock

LANGENSCHEIDT

BERLIN · MÜNCHEN · WIEN · ZÜRICH · NEW YORK

Illustration und Layout: Reinhold Burkart
Redaktion: Hans-Heinrich Rohrer

Dieses Werk folgt der neuen Rechtschreibung entsprechend den
amtlichen Richtlinien.

Druck: 11.   10.   9. | Letzte Zahlen
Jahr: 2005 2004 | maßgeblich
© 1991 Langenscheidt KG, Berlin und München

Druck: Druckhaus Langenscheidt, Berlin
Printed in Germany · ISBN 3-468-49419-X

Inhaltsverzeichnis

Vorwort und 6
Arbeitshinweise 7

Themenbezogene Begriffe
1   **Der Mensch** 10
1.1   Körper 10
1.2   Aussehen 13
1.3   Geist und Verstand 15
1.4   Charakter 22
1.5   Positive und neutrale Gefühle 26
1.6   Negative Gefühle 29
1.7   Gesundheit und Krankheit (s. a. Arzt u. Krankenh. 5.9) . . 32
1.8   Leben und Tod 36

2   **Handlungen und Aktivitäten** 39
2.1   Sinne und Körperfunktionen 40
2.2   Körperpflege und Sauberkeit 43
2.3   Tun (allgemein) 46
2.4   Bewegung und Ruhe 51
2.5   Bewegen von Dingen und Lebewesen 55
2.6   Geben und Nehmen 58
2.7   Umgang mit Dingen und Lebewesen 60
2.8   Lernen und Wissen (s. a. Schule und Ausbildung 8.4) . . . 73

3   **Sprache und Sprechabsichten** 77
3.1   Allgemeines 78
3.2   Sprechen 79
3.3   Schreiben und Lesen 82
3.4   Auskunft 83
3.5   Meinungsäußerung 85
3.6   Zustimmung und Ablehnung 90
3.7   Gewissheit und Zweifel 93
3.8   Positive Wertung und Neutralität 96
3.9   Negative Wertung 100
3.10 Wunsch, Bitte, Auftrag 102
3.11 Höflichkeitsformeln, Ausrufe, Floskeln 105

4   **Mensch und Gesellschaft** 108
4.1   Identifizierung 108
4.2   Familie und Verwandtschaft 109
4.3   Soziale Bindungen 112
4.4   Berufe 113
4.5   Soziale Position 117
4.6   Positives und neutrales Sozialverhalten 118
4.7   Negatives Sozialverhalten 121
4.8   Kontakte und Veranstaltungen 123
4.9   Schicksal und Zufall 126

4

5   Alltagswelt. 129
5.1   Haus und Wohnung. 130
5.2   Einrichtung 133
5.3   Gebrauchsgegenstände 135
5.4   Kleidung und Schmuck. 139
5.5   Mahlzeiten, Restaurant. 142
5.6   Lebensmittel, Speisen. 143
5.7   Obst und Gemüse 146
5.8   Trinken und Rauchen 147
5.9   Arzt und Krankenhaus (s. a. Gesundheit u. Krankheit 1.7) . 149

6   Wirtschaft und Verwaltung 151
6.1   Allgemeines. 152
6.2   Geschäfte und Einkauf 154
6.3   Geld und Besitz 157
6.4   Arbeitswelt. 159
6.5   Post, Telefon 163
6.6   Behörden, Polizei 167
6.7   Rechtswesen 170

7   Kunst und Interessen. 175
7.1   Theater, Film, bildende Kunst. 176
7.2   Musik 177
7.3   Medien 180
7.4   Freizeitbeschäftigungen. 182
7.5   Sport. 184

8.   Öffentliches Leben 187
8.1   Staat und Politik 188
8.2   Krieg und Frieden 192
8.3   Kirche und Religion. 195
8.4   Schule und Ausbildung (s. a. Lernen und Wissen 2.8) . . . 197

9   Umwelt 201
9.1   Stadt und Dorf 202
9.2   Landschaft. 205
9.3   Natur: Allgemeines 207
9.4   Tiere 212
9.5   Pflanzen 215
9.6   Wetter und Klima 215

10   Technik und Materialien. 217
10.1 Technik. 218
10.2 Materialien 221

11   Reise und Verkehr 223
11.1 Reise. 224
11.2 Straßenverkehr 228

11.3	Kraftfahrzeuge	231
11.4	Eisenbahn, Flugzeug, Schiff	233
12	**Länder und Völker**	235
14.1	Geographische Namen	236
14.2	Nationalitäten, Bewohner, Sprachen	237

Allgemeine Begriffe

13	**Zeit**	240
13.1	Jahreseinteilung	240
13.2	Monatsnamen, Datum	241
13.3	Wochentage	242
13.4	Tageszeit	242
14.5	Uhrzeit	243
13.6	Sonstige Zeitbegriffe	243
13.6.1	Substantive	243
13.6.2	Verben	245
13.6.3	Adjektive	246
13.6.4	Adverbien	249
13.6.5	Präpositionen	253
13.6.6	Konjunktionen	254
14	**Räumliche Begriffe**	255
14.1	Substantive	256
14.2	Adjektive	259
14.3	Adverbien	263
14.4	Präpositionen	271
15	**Menge und Maß**	273
15.1	Mengenbegriffe	274
15.3	Maße und Gewichte	280
16	**Ordnung und Bezüge**	281
17	**Art und Weise, Vergleich**	289
17.1	Art und Weise	290
17.2	Grad und Vergleich	291
18	**Farben**	294
19	**Formen**	295
20	**Ursache und Wirkung**	298
21	**Zustand und Veränderung**	301
Lösungsschlüssel		304

Vorwort und Arbeitshinweise

Ein ausreichender Wortschatz ist neben einer sicheren
Kenntnis der Grammatik die Grundlage für den Erwerb einer
neuen Sprache. Für die Grammatik gibt es eine Vielzahl von
Übungsbüchern, aber es gibt nur wenige Bücher mit Wort-
schatzübungen. Das vorliegende Buch schließt hier eine
Lücke. Es richtet sich an alle,

- die als Anfänger in der Grundstufe (1–2000 Wörter)
  oder als Fortgeschrittene in der Mittelstufe (2001–
  4000 Wörter) Deutsch lernen oder gelernt haben,
- die sich auf eine Prüfung (z. B. das Zertifikat Deutsch
  als Fremdsprache) vorbereiten wollen oder
- die ihre Kenntnisse auffrischen wollen.

Für absolute Anfänger ist es – im Gegensatz zum Grundwortschatz – weniger geeignet; es setzt einen bereits vorhande-
nen Wortschatz von 400 bis 500 Wörtern voraus.

Dieses Übungsbuch ist eine ideale Ergänzung zum Langenscheidt Grundwortschatz Deutsch. Es hat denselben Aufbau
nach Themen und Sachgruppen und bietet ein systemati-
sches Vokabeltraining für fast alle darin enthaltenen Wörter.
In seinen über 400 Übungen lernen Sie die Wörter in inhaltli-
chen, logischen und assoziativen Zusammenhängen. Das ist
erwiesenermaßen erfolgreicher, und es macht zudem mehr
Spaß als das traditionelle Auswendiglernen von Wortlisten
mit Übersetzungen.

Auch die abwechslungsreichen Übungsformen mit einer großen Zahl von Illustrationen machen das Vokabeltraining weniger mühsam als früher und bieten sehr viele Lernhilfen.
Jeder hat seine eigene Art zu lernen. Wir möchten Ihnen jedoch folgende Übungstechniken empfehlen.

1. Sie sollten sich zunächst für eine Häufigkeitsgruppe
   (1–2000 oder 2001–4000) entscheiden. Lesen dazu zunächst mal ein oder zwei Kapitel, und überprüfen Sie den
   Stand Ihrer Kenntnisse. Man kann natürlich auch beide
   Gruppen gleichzeitig bearbeiten. Zumindest für einen Ler-
   ner in der Grundstufe ist das wenig sinnvoll. Ein Tipp:
   Nehmen Sie sich nicht zu viel vor.

2. Beginnen Sie mit der ersten Sachgruppe 1. (oder einer anderen, s. Punkt 8). Lesen sie die Wörter, die Beispielsätze und die Übersetzungen der ersten Untergruppe (1. 1) im Grundwortschatz. Merken Sie sich die unbekannten Wörter, richtig lernen sollen Sie sie erst in Schritt 5.

3. Machen Sie alle zugehörigen Übungen im Übungsbuch auf einmal. Korrigieren Sie erst dann die Lösungen anhand des Schlüssels im Anhang. (Gibt es mehrere Lösungen für eine Übung, dann werden diese entweder durch Schrägstrich (,/') getrennt aufgelistet oder in Klammern angegeben. Letztere sind zwar mögliche Lösungen, stilistisch aber weniger akzeptabel als die anderen.)

4. Notieren Sie die Wörter, die Sie in den Übungen falsch verwendet haben, auf einem Blatt Papier (Lernpapier). Ergänzen Sie aus dem Grundwortschatz die deutschen Beispielsätze und die Übersetzungen. Beschriften sie das Papier mit Nummer und Titel der Sach- und Untergruppe, und ordnen Sie es in einen Ringhefter ein. (Die sonst in den Übungen vorkommenden, unbekannten Wörter notieren Sie bitte nicht. Sie lernen Sie später in anderen Sachgruppen)

5. Lernen Sie die Wörter, die Sie auf dem Papier notiert haben. Kontrollieren Sie dann mit dem Grundwortschatz, ob Sie wirklich alle Wörter der Sachgruppe beherrschen. Decken Sie dabei die rechte Spalte mit den Übersetzungen ab. Notieren Sie die Wörter, deren Bedeutung Sie nicht kennen, ebenfalls auf dem Lernpapier. Lernen Sie dann die aufgeschriebenen Wörter so lange, bis Sie alle Bedeutungen beherrschen.

6. Sie können jetzt mit der zweiten Untergruppe des Sachgebietes beginnen. Üben Sie aber möglichst nicht mehr als ca. 50 Wörter pro Tag, dafür aber regelmäßig, am besten täglich.

7. Nach dem 3. Tag beginnen Sie mit der Wiederholung: Prüfen Sie anhand der Lernpapiere, ob Sie die Wörter der ersten Untergruppe noch beherrschen. Streichen Sie die Wörter, deren Bedeutung Sie kennen. Lernen Sie die übri-

gen, immer noch unbekannten Wörter. Die nicht ausgestrichenen Wörter werden in einem weiteren Wiederholungsschritt überprüft. Solche Wiederholungsschritte sind notwendig, bis alle Wörter ausgestrichen sind.

8. Sie brauchen beim Lernen natürlich nicht der Reihenfolge der Sachgruppen im Buch zu folgen. Aber bitte lernen Sie nicht seitenweise, sondern die Wörter einer Untergruppe. Es empfiehlt sich, zunächst alle Untergruppen einer Sachgruppe zu bearbeiten, ehe Sie mit der nächsten beginnen.

9. Sie können auf die Lernpapiere verzichten, wenn Sie im Grundwortschatz die bekannten Wörter ausstreichen. Übersichtlicher sind aber die Lernpapiere. Am besten, aber auch am aufwendigsten, ist jedoch die Karteikartenmethode: Sie notieren die unbekannten Wörter mit Beispielsätzen auf Karteikarten und – auf den Rückseiten – die Übersetzungen. Dann ordnen Sie sie wie im Grundwortschatz in einem Karteikasten. In den Wiederholungsschritten sortieren Sie dann langsam die bekannten Wörter aus. Ihr Lernziel haben Sie erreicht, wenn der Karteikasten am Ende leer ist.

Diese Übungstechniken erfordern natürlich etwas Geduld und Ausdauer. Mit dem Übungsbuch und dem Grundwortschatz lernen Sie dafür aber die Wörter systematisch und in Sinnzusammenhängen. Nur so werden sie allmählich Teil Ihres Langzeitgedächtnisses.

Wir wünschen Ihnen viel Spaß und Erfolg beim Lernen!

Jutta Müller und Heiko Bock

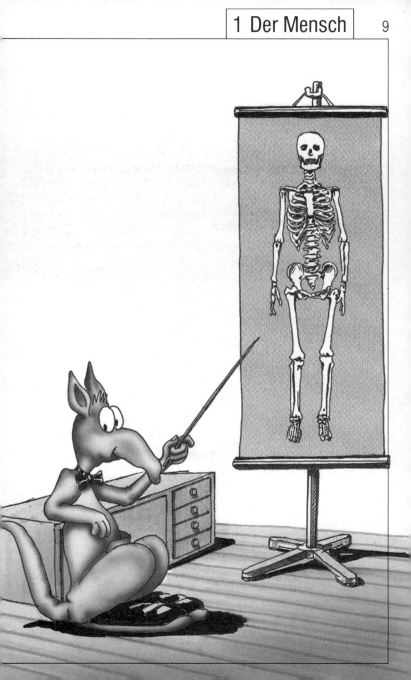

1 Der Mensch

1.1 Der Körper

1 – 2000

1. Wie heißen die Körperteile hier im Bild? Ergänzen Sie bitte auch die Artikel.

(11) _der_ Arm; (6) _das_ Auge; (12) _der_ Bauch; (16) _das_ Bein; (5) _die_ Brust; (14) _der_ Finger; (17) _der_ Fuß; (2) _das_ Haar; (4) _der_ Hals; (13) _die_ Hand; (10) _das_ Herz; (15) _das_ Knie; (1) _der_ Kopf; (8) _der_ Mund; (7) _die_ Nase; (3) _das_ Ohr; (9) _der_ Zahn

2. In jedem Satz fehlt ein Nomen.

| Blut | Gesicht | Größe | Haut | Körper | Kraft | Rücken |

a) Ute hat ein hübsches _Gesicht_ , nur ihre Nase ist ein bisschen zu groß.

b) Jens ist nur 165 cm groß und wiegt 90 kg; er ist zu schwer für seine _Größe_ .

c) Wer blonde Haare hat, hat meistens auch eine helle _Haut_ .

d) Wie schlafen Sie am liebsten: auf dem Bauch, auf der Seite oder auf dem _Rücken_ ?

e) Diese Arbeit ist zu schwer für mich. Das muss jemand machen, der mehr _Kraft_ hat.

f) Wenn man zu viel Sport treibt, tut man seinem _Körper_ nichts Gutes.

g) Als ihn die Polizei kontrollierte, hatte er 2,8 Promille Alkohol im _Blut_ .

2001–4000

3. Wie heißen die Teile des Kopfes hier im Bild? Ergänzen Sie bitte auch die Artikel.

(d) _die_ Backe
(a) _das_ Gehirn
(f) _das_ Kinn
(c) _das_ Lid
(e) _die_ Lippe
(b) _die_ Stirn

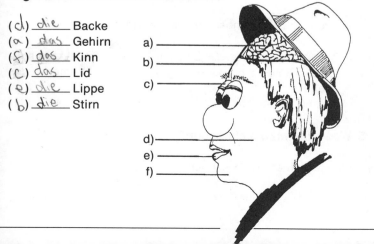

a) ——
b) ——
c) ——
d) ——
e) ——
f) ——

4. In jedem Satz fehlt ein Nomen.

Faust	Gelenk	Glieder (Pl.)	Knochen (Pl.)
Leib	Magen	Muskeln (Pl.)	Nerv	Organ
Rippen (Pl.)	Schultern (Pl.)	Schweiß

a) Durch regelmäßiges Krafttraining hat er sehr starke
   _____ bekommen.

b) _____ ist Salzwasser, das der Körper bei
   Hitze oder Anstrengung produziert.

c) Der medizinische Begriff für Körperteil heißt _____.

d) Eine bewegliche Verbindung zwischen zwei Körperteilen
   (z. B. zwischen Hand und Unterarm) nennt man
   _____.

e) _____ ist ein anderes Wort für Körper. *(Es
   wird nicht so oft gebraucht.)*

f) _____ sind harte Teile im Körper, die bei
   einem Sturz brechen können.

g) Arme und Beine nennt man auch _____.

h) Was man isst, kommt vom Mund zunächst in den
   _____.

i) An den _____ ist der menschliche Körper
   am breitesten.

j) Die 12 Knochen im Oberkörper des Menschen heißen
   _____.

k) Wenn man die Finger schließt, macht man eine
   _____.

l) Wenn ein _____ tot ist, empfindet man an
   dieser Stelle keine Berührung oder keinen Schmerz
   mehr.

5. Was kann man nicht sagen?

Ein Mensch atmet ☐ schnell.   ☐ schwach.   ☐ ruhig.
                 ☐ leise.   ☒ niedrig.   ☒ dick.
                                            ☐ schwer.

6. Welches Nomen passt?

> Atem   Bart   Bauch   Beine (Pl.)   Ellbogen   Fuß
> Gehirn   Haut   Lippen (Pl.)   Lunge   Zeh(e)

a) Arm – Hand : Bein – _der Fuß_
b) Hand – Finger : Fuß – _di_
c) hinten – Rücken : vorne – _Bauch_
d) Bein – Knie : Arm – _der E_____
e) Bauch – Magen : Brust – _L_____
f) Kopf – Haar : Gesicht – _____ (beim Mann)
g) Herz – Blut : Lunge – _der A____
h) fühlen – Nerven : denken – _das Gehirn_
i) atmen – Lunge : küssen – _die Lip_
j) Vogel – Federn : Mensch – _die H_
k) Auto – Räder : Mensch – _di_

1.2 Aussehen   1–2000

7. Was kann man nicht sagen?

a) Meine Freundin
ist
☐ groß.
☐ hoch.
☐ niedrig.
☐ klein.

b) Mein Bruder
ist
☐ dick.
☐ dünn.
☐ schlank.
☐ eng.

c) Vera sieht
☐ gut aus.
☐ hübsch aus.
☐ schön aus.
☐ günstig aus.

2001–4000

8. In jedem Satz fehlt ein Nomen.

| Haltung | Figur | Aussehen | Schönheit |

a) Ich habe Jugendbilder von deiner Großmutter gesehen. Ich finde, sie war früher eine richtige _____ .

b) Wenn Kinder zu schwere Schultaschen tragen, bekommen sie eine schlechte _____ .

c) Birgit hat 15 Pfund abgenommen. Jetzt hat sie wieder eine gute _____ .

d) Ein Mann sollte klug und nett sein, meint Anna. Das _____ findet sie nicht so wichtig.

9. Welche Adjektive passen nicht? (immer 2 Lösungen)

a) Bart: schwarz – lang – mager – kurz – schlank – blond

b) Gesicht: schwach – hübsch – blond – blass – mager – zart

c) Frisur: hässlich – klein – schön – modern – dick – kurz

d) Haltung: gut – krumm – blass – gerade – mager

e) Locken: voll – glatt – kurz – stark – blass – blond

f) Figur: blond – schlecht – schlank – dick – hübsch – eng

g) Brille: rund – groß – dunkel – teuer – blond – jung

10. Welche Ergänzungen passen zu den Verben ‚zunehmen‘, ‚abnehmen‘ und ‚aussehen‘?

| schnell | blass | krank | im letzten Jahr | nur wenig |
| komisch | | fünf Kilo | klug | viel | hässlich |

a) Jens hat _____ zugenommen.
_____ abgenommen.
_____
_____
_____

b) Maria sieht

_____	aus.
_____	
_____	
_____	
_____	

1.3 Geist und Verstand   1–2000

1. In jedem Satz fehlt ein Wort.

| bewusst | intelligent | klug | vernünftig |

a) □ Jetzt rufst du an! Ich liege schon im Bett!
   ○ Entschuldige bitte! Es war mir nicht
   _____ , dass es schon so spät ist.

b) Es tut mir leid, dass wir uns gestern gestritten haben.
   Lass uns heute noch einmal _____ über die
   Sache reden.

c) Jens konnte schon mit 4 Jahren lesen und schreiben; er
   war ein sehr _____ Kind.

d) Anna ist nicht leichtsinnig, sie trifft _____
   Entscheidungen.

2. Welches Nomen passt?

a) Ich gehe nicht gern zu einem jungen Arzt. Der hat noch
   kein_ _____ . *(Erinnerung/Erfahrung/Ver-
   nunft/Verstand)*

b) □ Inge und Gerd wollen morgen heiraten, obwohl sie
   sich erst seit drei Wochen kennen. Das ist doch verrückt!
   ○ Das finde ich auch, aber von Verliebten kannst du
   kein_ _____ erwarten. *(Kenntnis/Erinne-
   rung/Vernunft/Interesse)*

c) □ Dieser Teppich gefällt mir gut.
○ Das ist ein_ _____ an unseren Urlaub in der Türkei. *(Gedanke/Erinnerung/Erfahrung/Gedächtnis)*

d) Mein Bruder kann sich jede Telefonnummer merken. Er hat ein_ sehr gut_ _____ für Zahlen. *(Gedächtnis/Kenntnis/Vernunft/Gedanke)*

e) Willst du deinen Eltern wirklich einen Hund schenken? Ich finde, das ist kein_ gut_ _____ . *(Vernunft/Interesse/Gedanke/Kenntnis)*

f) Gerd geht immer allein zum Skifahren. Seine Frau hat kein_ _____ am Sport. *(Kenntnis/Erfahrung/Verstand/Interesse)*

g) Er ist mit seiner Sekretärin sehr zufrieden. Sie schreibt perfekt Schreibmaschine und hat gut_ _____ in Spanisch und Englisch. *(Kenntnisse/Gedanken/Erinnerungen/Interessen)*

h) Du willst mit dem Fahrrad durch die Sahara fahren? Hast du d_ _____ verloren? *(Erfahrung/Gedächtnis/Kenntnis/Verstand)*

13. Verben, die mehrere Bedeutungen haben. Welche Erklärung passt zu welchem Satz?

a) 1. denken: *geistig arbeiten, urteilen; überlegen*
2. denken: *glauben, meinen, annehmen*
3. denken: *etwas im Gedächtnis haben*

A. Ich denke, dass es morgen regnen wird. (1) (2) (3)
B. Diese Arbeit ist ganz einfach; man braucht dabei nicht zu denken. (1) (2) (3)
C. Letztes Jahr ist unser Hund gestorben. Immer wenn ich andere Hunde sehe, muss ich an ihn denken. (1) (2) (3)

b) 1. erkennen: *wahrnehmen, sehen, unterscheiden*
   2. erkennen: *merken, wer oder was etwas ist*
   3. erkennen: *im Geist zu einem Schluss kommen, bewusst werden*

A. Jens hat 15 Kilo abgenommen. Seine Freunde haben ihn fast nicht mehr erkannt. (1) (2) (3)
B. Kannst du erkennen, wie spät es auf dieser Uhr ist? Ich habe meine Brille nicht auf. (1) (2) (3)
C. Manche Paare erkennen erst nach der Hochzeit, dass sie nicht zusammenpassen. (1) (2) (3)

c) 1. kennen: *Bescheid wissen über etwas/jemanden, guten Kontakt haben*
   2. kennen: *etwas schon einmal gehört/gelesen/gesehen haben*

A. Dieses Buch können wir ihm nicht schenken. Das kennt er schon. (1) (2)
B. Ich kenne Maria seit mehr als dreißig Jahren. Wir haben schon als Kinder zusammen gespielt. (1) (2)

d) 1. merken: *wahrnehmen, entdecken, beobachten, erkennen; sich einer Sache bewusst werden*
   2. merken: *körperlich fühlen*
   3. merken: *etwas im Gedächtnis behalten*

A. Sag mir bitte noch einmal, wie du heißt. Ich kann mir leider keine Namen merken. (1) (2) (3)
B. Hast du nicht gemerkt, dass ich eine neue Brille trage? (1) (2) (3)
C. Mein Arzt ist sehr gut. Wenn er mir eine Spritze gibt, merke ich nichts davon. (1) (2) (3)

e) 1. vergessen: *sich nicht mehr erinnern an etwas/jeman-*
den, nichts mehr wissen von etwas/jemandem
2. vergessen: *nicht daran denken, etwas zu tun*
3. vergessen: *etwas ohne Absicht liegen/stehen lassen*

A. In der Schule hat Gerd Englisch gelernt, aber inzwischen hat er alles vergessen. (1) (2) (3)
B. Vergessen Sie bitte nicht, die Fenster zu schließen. (1) (2) (3)
C. Maria hat ihre Handtasche in der Straßenbahn vergessen. (1) (2) (3)

f) 1. verstehen: *Grund/Sinn/Bedeutung von etwas begreifen*
2. verstehen: *klar/deutlich hören, was jemand sagt*
3. verstehen: *etwas gut kennen/können/gelernt haben*
4. verstehen: *Gründe/Absichten einer persönlichen Handlung begreifen*

A. Hier sind die Wände sehr dünn. Man kann verstehen, was die Nachbarn in der Wohnung nebenan sagen. (1) (2) (3) (4)
B. Heute Abend macht mein Mann das Essen. Er versteht etwas vom Kochen.
C. Meine Freundin ist in einer Lebenskrise. Sie glaubt, dass niemand sie versteht. (1) (2) (3) (4)
D. Ich verstehe diesen Text nicht; kannst du ihn mir erklären? (1) (2) (3) (4)

g) 1. können: *vielleicht, möglicherweise*
2. können: *die Möglichkeit haben*
3. können: *die Fähigkeit/Kenntnis haben*
4. können: *dürfen, die Erlaubnis haben*

A. Geh bitte ans Telefon. Der Anruf kann wichtig sein.
   (1) (2) (3) (4)
B. Kann ich bitte dein Auto haben? Mein Wagen ist für
   zwei Tage in der Werkstatt. (1) (2) (3) (4)
C. Ich brauche mein Auto eigentlich nicht. Ich kann
   auch mit dem Bus zur Arbeit fahren. (1) (2) (3) (4)
D. Jens hat seinen Führerschein seit einem Jahr, aber er
   kann immer noch nicht richtig fahren. (1) (2) (3) (4)

4. In jedem Satz fehlt ein Verb.

aufpassen ~~erinnern~~ ~~interessieren~~ ~~missverstehen~~
nachdenken ~~vorstellen~~

a) Meine Schwester hat mir ihren neuen Chef genau
   beschrieben. Ich kann ihn mir sehr gut _____ .
b) Mein Autoschlüssel ist weg. Ich kann mich nicht mehr
   _____ , wo ich ihn hingelegt habe.
c) □ Warum bist du denn so still? ○ Ich _____
   darüber _____ , wie ich Sylvia helfen kann;
   sie hat Ärger mit den Kollegen.
d) Was hast du gerade gesagt? Ich habe einen Moment
   nicht _____ .
e) Sie haben mich _____ . Ich wollte drei Stück
   Tomaten, nicht drei Kilo!
f) Gerd liest selten Zeitung; er _____ sich
   nicht für Politik.

2001–4000

15. Welches Adjektiv passt am besten?

a) Marga macht sehr viel selbst; sie näht Kleider, strickt Pullover und bastelt Spielsachen für die Kinder. Sie ist sehr _____ mit ihren Händen. *(gescheit/ geschickt/weise)*

b) Herr Felix ist unser bester Verkäufer. Er kann gut reden und ist sehr _____ im Umgang mit den Kunden. *(gewandt/weise/wahnsinnig)*

c) Oft schaffen Kinder die Schule nicht, weil sie viele Probleme haben. Aber viele Leute glauben, dass diese Kinder zu _____ sind. *(unklug/gescheit/dumm)*

d) Meine kleine Nichte liest viel und interessiert sich für alles Mögliche. Sie ist ein _____ Mädchen. *(geschickt/gescheit/weise)*

e) Unsere Nachbarin ist eine merkwürdige alte Frau. Sie will mit keinem Menschen Kontakt haben und spricht immer laut mit sich selbst. Die anderen Leute im Haus halten sie für _____. *(dumm/unklug/verrückt)*

f) Nicht alle Menschen werden im Alter _____. *(weise/geschickt/dumm)*

16. In jedem Satz ist ein Verb kursiv gedruckt. Welches andere Verb hat die gleiche Bedeutung?

a) Die Regeln habe ich *begriffen*, aber ich kann immer noch nicht gut Schach spielen.
(A) bedenken (B) verstehen (C) denken (D) einsehen

b) Wir können nicht *begreifen*, warum das Gericht ein solches Urteil gefällt hat.
(A) Verständnis haben (B) erkennen (C) überlegen (D) erfinden

c) Klaus hat *eingesehen*, dass sich seine Pläne nicht verwirklichen lassen.

(A) glauben (B) meinen (C) entscheiden (D) zu der Überzeugung kommen

d) Gestern habe ich *erfahren*, dass unsere Firma neue Leute einstellen will.

(A) erkennen (B) bedenken (C) Information bekommen (D) einsehen

e) Die Regierung hat den Ernst der Lage nicht richtig *erfasst*.

(A) erfahren (B) überlegen (C) entscheiden (D) begreifen

f) Die Ingenieure haben eine neue, vollautomatische Packmaschine *erfunden*.

(A) entwickeln (B) vorstellen (C) denken (D) begreifen

g) Sie hatte vorher genau *überlegt*, was sie sagen wollte.

(A) erfinden (B) bedenken (C) erfassen (D) begreifen

7. Welches Nomen passt? (Manchmal passen zwei!)

a) ☐ Wollen wir nach der Arbeit zum Schwimmen gehen?

○ Oh ja! Das ist ein__ gute__ _____ . *(Erfindung/Idee/Einfall/Phantasie)*

b) Ich finde auch, dass die Wohnung schrecklich aussieht. Aber stell dir die Zimmer doch mal vor, wenn wir sie renoviert haben. Hast du denn gar kein__

_____? *(Idee/Einfall/Phantasie/Neigung)*

c) Frank sollte wie sein Vater Ingenieur werden, aber er hatte kein__ _____ dazu. *(Neigung/Vorstellung/Idee/Lust)*

d) Viele Mädchen wollen Stewardess werden, weil sie ein__ falsch__ _____ von diesem Beruf haben. *(Erkenntnis/Einfall/Vorstellung/Idee)*

e) Männer und Frauen haben in unserer Firma die gleichen Chancen. Nur d__ beruflich__ _____ ist für die Karriere entscheidend. *(Erkenntnis/Erfindung/Neigung/Können)*

f) Meine Schwester ist endlich zu d__ _____ gekommen, dass sie zu viel Geld für Kleidung ausgibt. *(Erkenntnis/Vorstellung/Idee/Phantasie)*

g) Das Auto ist ein__ technisch__ _____ , die die Welt verändert hat. *(Phantasie/Erkenntnis/Vorstellung/Erfindung)*

1.4 Charakter

18. Welche Eigenschaft passt am besten zu den folgenden Personen?

> anständig   bescheiden   ehrlich   fleißig   geduldig
> gerecht   nett   neugierig   sparsam   streng
> zuverlässig   eingebildet

a) Petra lebt sehr einfach. In ihrem Beruf ist sie erfolgreich, aber sie erzählt sehr wenig darüber.

_____

b) Herr Brandes möchte unbedingt wissen, was sein neuer Kollege früher gemacht hat. _____

c) Bernd gibt nicht sehr viel Geld aus, obwohl er ein gutes Gehalt hat. _____

d) Du kannst ruhig glauben, was dir Carola erzählt hat. Sie sagt immer die Wahrheit. _____

e) Uta arbeitet oft zehn bis zwölf Stunden am Tag.

_____

f) Jochen hatte starke Zahnschmerzen und musste beim Arzt über eine Stunde warten. Trotzdem blieb er ruhig und beschwerte sich nicht. _____

g) Die Lehrerin behandelt alle Schüler gleich und bevorzugt keinen. _____

h) Der neue Chef kritisiert jeden Fehler sofort und verlangt, dass immer gemacht wird, was er sagt.

_____

i) Frau Krause hilft mir jeden Freitag beim Putzen. Ich kann ganz sicher sein, dass sie immer pünktlich kommt und ihre Arbeit gut macht. _____

j) Mark ist immer freundlich und höflich.

_____

k) Herr Bauer ist Autohändler. Er sagt den Kunden immer offen, was seine Wagen wert sind und welche Mängel sie haben. _____

l) Irma hält sich für ganz besonders schön und gescheit.

_____

2001–4000

9. Welches Adjektiv passt am besten?

a) Mein Bruder ist noch sehr jung. Wenn ihn ein Mädchen anlacht, wird er ganz _____ . *(ernst/ordentlich/verlegen)*

b) Ich habe noch nie gesehen, dass Bernd lacht oder fröhlich ist. Er ist ein sehr _____ Mensch. *(ernsthaft/nervös/leichtsinnig)*

c) Meine Eltern haben mir ein Auto geschenkt, weil mein altes kaputt ist. Sie sind immer sehr _____ . *(stolz/fair/großzügig)*

d) Holger hat alle Prüfungen mit Note 1 bestanden. Jetzt ist er ganz _____ , weil er so ein gutes Examen hat. *(leichtsinnig/stolz/nervös)*

e) Meine Freundin will alleine mit dem Fahrrad durch Spanien fahren. Ich finde das sehr _____ . *(leichtsinnig/stolz/großzügig)*

f) Der verstorbene Präsident war ein guter Mensch und ein großer Politiker. Es wird schwer sein, einen _____ Nachfolger für ihn zu finden. *(ernsthaft/fair/würdig)*

20. Zu welcher Wörterbucherklärung passen die Nomen?

> Einbildung   Laune   Neugier   Mut   Sorgfalt   Wille

a) _____ , der: ~ haben, zeigen, beweisen, bekommen; das gibt, das macht mir neuen ~; den ~ (nicht) verlieren; einer Person den ganzen ~ nehmen

b) _____ , die: eine gute, frohe, schlechte ~ haben; guter, schlechter ~ sein

c) _____ , die: große, starke, geringe ~; aus ~ fragen; aus ~ etwas wissen wollen

d) _____ , die: große, geringe ~; etwas mit ~ tun, erledigen; sie arbeiten langsam, aber mit großer ~

e) _____ , die: das ist alles nur ~; das gibt es nicht, das ist nur in deiner ~; du leidest an ~

f) _____ , der; fester, starker ~; einen eigenen ~n haben; seinen ~n durchsetzen; jemandes ~n brechen

21. So sind meine Kollegen.

> ernst   faul   humorvoll   schüchtern   sorgfältig
> unordentlich   unselbstständig   nervös   fair

a) Kurt hat meistens keine Lust zu arbeiten. Er ist ziemlich

   _____ .

b) Sabine räumt nie ihren Schreibtisch auf; Papier, Briefe
   und Schreibstifte liegen immer durcheinander. Sie ist

   _____ .

c) Holger lacht viel und versteht Spaß. Er ist ein
   _____ Mensch.

d) Maria lacht selten; eigentlich ist sie immer

   _____ .

e) Wolfgang macht wenig Fehler, weil er sehr
   _____ arbeitet.

f) Astrid kann nicht ruhig auf ihrem Stuhl sitzen bleiben.
   Sie ist ziemlich _____ .

g) Rudolf spricht nicht viel und bekommt leicht einen
   roten Kopf. Wir verstehen nicht, warum er so

   _____ ist.

h) Joachim weiß meistens nicht, welche Arbeit er machen
   soll. Er fragt dann unsere Chefin, was er als nächstes
   tun muss. Zum Glück sind nicht alle Kollegen so

   _____ .

i) Unsere Chefin ist anständig und gerecht; sie behandelt
   alle Mitarbeiter ganz _____ .

1.5 Positive und neutrale Gefühle | 1-2000

22. Ein Nomen passt nicht!

a) glücklich: Familie – Freundin – Jahr – Frisur
b) froh: Mensch – Stimmung – Wetter – Gesicht
c) angenehm: Leute – Wohnung – Wetter – Herz
d) ängstlich: Kind – Hunger – Blick – Verhalten
e) gemütlich: Fehler – Stimmung – Abend – Zimmer
f) lieb: Großmutter – Lust – Gäste – Nachbarin
g) dankbar: Patient – Hoffnung – Kollege – Publikum

23. Welches Verb passt am besten?

empfinden	freuen	genießen	hoffen
lachen	lächeln	fühlen	lieben

a) laut und fröhlich
   über eine verrückte Idee
   über einen Fehler
   über einen Witz
   mit meinen Freunden
   _____

b) freundlich
   bei der Begrüßung
   über ein Missverständnis
   auf dem Foto
   leise
   _____

c) sich allein
   keine Schmerzen im Bein
   sich krank
   im Dunkeln nach dem Licht-
   schalter
   sich verantwortlich
   _____

d) das Essen
   den freien Tag
   die Ruhe nach der Arbeit
   die schöne Stimmung
   das Leben

e) sich auf das Wochenende
   sich über das Geschenk
   sich sehr
   sich über den Brief
   sich gar nicht

f) auf ein gutes Ergebnis
   auf eine gute Zusammenarbeit
   auf eine gute Zukunft
   auf ein glückliches Ende
   auf bessere Tage

g) Angelika
   die Freiheit
   meinen Beruf
   meine Kinder
   Musik

h) Liebe für Helga
   Lust auf ein Bier
   keine Schmerzen
   große Freude
   die Kälte nur wenig

24. In jedem Satz fehlt ein Nomen!

> Freude   Liebe   Lust   Hoffnung   Stimmung

a) Es regnet hier seit zehn Tagen ohne Pause.
_____ auf besseres Wetter haben wir nicht mehr.

b) Zwischen Katrin und Christoph war es _____
auf den ersten Blick.

c) Hast du _____, heute Abend essen zu
gehen?

d) Es war eine schöne Party; die _____ war
ganz ausgezeichnet.

e) Die _____ über den Sieg der Mannschaft
war groß, und es wurde deshalb kräftig gefeiert.

2001−4000

25. Welches Adjektiv passt am besten?

a) Die Kollegen sind nett und mein Gehalt ist auch nicht
schlecht. Ich bin mit meiner Stelle ganz
_____. *(fröhlich/zufrieden/erfreut)*

b) Ursula und Bernd sind ständig zusammen. Ich glaube,
die beiden sind _____. *(heiter/fröhlich/
verliebt)*

c) □ Du hast wohl gute Laune?
○ Ja, ich bin so richtig _____ heute.
(fröhlich/zärtlich/erfreut)

d) Mein Name ist Hans Gärtner. – Ich bin sehr _____,
Sie kennen zu lernen. *(zufrieden/lustig/erfreut)*

e) □ Ist das ein trauriger Film, den wir heute Abend
sehen?
○ Ganz im Gegenteil, er ist sehr _____.
(nett/ernst/heiter)

f) Meine Katze genießt es sehr, wenn man _____
zu ihr ist. *(gemütlich/zärtlich/höflich)*

26. In jedem Satz fehlt ein Nomen!

Lachen	Gefühl	Lächeln	Leidenschaft
Spaß		Glück	Erleichterung

a) Deine Hilfe war eine große _____ für mich.

b) Es ist ein schönes _____, ohne Schuhe am Meer zu laufen.

c) Zum Geburtstag wünschen wir dir viel _____ und Gesundheit.

d) Man konnte sein fröhliches _____ im ganzen Haus hören.

e) Schnelle Autos sind seine große _____.

f) Radfahren macht mir keinen _____.

g) Sie verabschiedeten sich mit einem freundlichen _____.

1.6 Negative Gefühle | 1–2000

27. Welches Nomen passt?

Angst	Ärger	Aufregung	Sorge	Trauer	Wut

a) _____ : vor der Gefahr; vor den Feinden; vor dem Krieg; vor dem gefährlichen Hund; vor dem Tod

b) _____ : um den Kranken; um das Kind; um meine Gesundheit; für die Zukunft; für die Famlie

c) _____ : um die tote Schwester; um die Unfallopfer; über das Ende unserer Freundschaft; über die Zerstörung der alten Häuser

d) _____ : auf den ungerechten Chef; auf die schlechte Regierung; auf den frechen Nachbarn; über einen schlimmen Fehler

e) _____ : mit der neuen Maschine; mit den Nachbarn; wegen zu lauter Musik; mit einer unzufriedenen Kundin

f) _____ : wegen des kaputten Autos; wegen unserer leichtsinnigen Tochter; um die neuen Steuergesetze; um den Rücktritt eines Ministers; über die hohe Rechnung

28. Welche Adjektive passen? Suchen Sie alle Möglichkeiten.

| ärgerlich | böse | traurig | unangenehm |
| unglücklich | verzweifelt | wütend | |

a) Ella weiß keine Lösung für ihre Probleme und glaubt, dass niemand ihr helfen kann. Manchmal ist sie völlig

_____ .

b) Fred hat sich sehr über den Chef geärgert. Er war so _____ , dass er am nächsten Tag gekündigt hat.

c) Es ist mir sehr _____ , aber ich möchte Sie fragen, ob ich die Rechnung erst nächste Woche bezahlen kann.

d) Jens und Christa haben sich scheiden lassen. Ihre Ehe war sehr _____ .

e) □ Du weinst ja! Warum bist du denn so _____ ?
   ○ Ich habe gerade erfahren, dass ein alter Freund gestorben ist.

f) Es ist wirklich _____ , dass du alle Schlüssel verloren hast!

g) Es tut mir Leid, dass ich schon wieder zu spät komme. Sei bitte nicht _____ .

29. Welches Verb passt dazu?

| sorgen | sich aufregen | sich fürchten | bedauern |

a) _____ : Leid tun; schade finden;
Mitleid haben

b) _____ : Angst haben; ängstlich sein;
keinen Mut haben

c) _____ : sich kümmern; pflegen;
schützen

d) _____ : nervös werden; unruhig
werden; wütend sein

2001 – 4000

30. Welches Adjektiv passt am besten?

a) Eltern, die nicht wissen, ob es ihren Kindern gut geht,
sind ☐ erregt ☐ erschüttert ☐ besorgt.

b) Einen Menschen, der sich geärgert hat und nervös ist,
nennt man ☐ dumm ☐ böse ☐ erregt.

c) Ein Mensch, der nicht mehr daran glaubt, dass sich
seine Situation verbessern kann, ist ☐ einsam
☐ hoffnungslos ☐ zornig.

d) Wer alleine lebt und keine Freunde und Bekannten hat,
ist ☐ einsam ☐ erschüttert ☐ hoffnungslos.

e) Ein Mensch, der eine große Wut auf etwas hat, ist wütend oder ☐ eifersüchtig ☐ zornig ☐ besorgt.

f) Wenn ein Mann glaubt, dass ein anderer Mann in seine
Frau verliebt ist, wird er sicher ☐ hoffnungslos
☐ ernst ☐ eifersüchtig.

g) Bei einem Schiffsunglück sind über zweihundert Menschen gestorben. Alle, die diese Nachricht hören, sind
☐ erschüttert ☐ besorgt ☐ verzweifelt.

31. Zu welcher Wörterbucherklärung passen die Verben?

| beunruhig(en) | hass(en) | schäm(en) |
| schockier(en) | vermiss(en) | |

a) _____ : wegen deiner/über deine/Herz-
   schmerzen bin ich sehr ~t; ~e dich
   nicht; wegen Klaus müsst ihr euch
   nicht ~, er kann sich selber helfen

b) _____ : über ihre verrückte Frisur warén alle
   ~t; Nacktfotos in Zeitschriften ~
   heute nicht mehr wie früher

c) _____ : sich sehr, ziemlich, zu Tode ~;
   ich ~e mich, es dir zu sagen; sie ~t
   sich, weil sie die Prüfung nicht
   bestanden hat

d) _____ : etwas/jemanden sehr (stark) ~;
   ich werde dich ~, wenn du so lange
   weg bist

e) _____ : eine Person sehr, tödlich ~; sich
   (gegenseitig) ~; erst liebten sie
   sich, jetzt ~ sie sich

1.7 Gesundheit und Krankheit   1-2000

32. In jedem Satz fehlt ein Nomen!

Erkältung	Fieber	Grippe	Husten	Gesundheit
Krankheit	Schmerzen (Pl.)		Pille	Verband
Verletzung	Wunde			

a) Schon seit vier Tagen hat meine Mutter 38 Grad

   _____ .

b) Ich habe nur eine Erkältung, sagt der Arzt. Zum Glück
   ist es keine _____ .

c) Sein _____ wird immer stärker und lauter.
Er kann kaum noch richtig atmen.

d) Bei der Arbeit mit der alten Schneidemaschine muss
man gut aufpassen; die _____sgefahr ist
sehr groß.

e) Wenn Sie starke _____ haben, gebe ich
Ihnen für die Nacht ein Schlafmittel.

f) Nehmen Sie eine _____ vor jeder Mahlzeit,
am besten mit etwas Wasser.

g) Die _____ blutet sehr stark. Wir brauchen
sofort einen Arzt!

h) Sie ist nicht mehr im Krankenhaus, aber sie muss noch
einen _____ um den Kopf tragen.

i) Mein Hals tut weh und meine Nase juckt. Ich glaube, ich
bekomme eine _____.

j) _____ ist das wichtigste im Leben, finde ich.

k) Bruno war doch noch so jung. An welcher
_____ ist er denn gestorben?

33. Welche Adjektive passen nicht?

a) Erkältung: stark – hoch – groß – schwach – leicht –
schwer

b) Fieber: leicht – klein – hoch – leise – stark –
schwer

c) Husten: schwer – niedrig – stark – schwach –
leicht – hoch

d) Gesundheit: nett – gut – stark – schlecht – schwach –
hoch

e) Schmerzen: stark – schlimm – laut – leicht – groß –
gut

f) Verletzung: klein – groß – leise – niedrig – leicht –
schwer

g) Wunde: hoch – tief – dick – schwer – leicht –
groß

34. Welches Verb passt am besten?

> bluten   sich erkälten   ~~husten~~   leiden   schmerzen
> sich verletzen

a) _____ : lange, schwere Krankheit;
   unglücklich sein; Schmerzen
b) _____ : Maschine; Arbeit; Unfall;
   Wunde
c) _____ : Brust; Lunge; Erkältung;
   rauchen
d) _____ : schlechtes Wetter; Halsweh;
   Husten; Schnupfen
e) _____ : Verletzung; Wunde; weh tun
f) _____ : Verband; rot; Wunde; Verletzung

$$2001-4000$$

35. Wie heißen die Schmerzen an diesen Körperteilen?

a) _____
b) _____
c) _____
d) _____

a) _____

b) _____

c) _____

d) _____

6. In jedem Satz fehlt ein Nomen!

> Lebensgefahr   Leiden   Ohnmacht   Übelkeit

a) Diese Pillen helfen gut bei _____ , wenn
man Schiffsfahrten nicht verträgt.
b) Er ist schwer verletzt, aber er ist nicht in _____ .
c) Sie starb nach einem langen schweren _____ .
d) Wenn er Blut sieht, fällt er in _____ .

7. Welches Adjektiv passt am besten?

a) Ein Stoff, der Menschen oder Tiere töten kann, ist
( ) übel   ( ) giftig   ( ) schlecht.
b) Ein Mensch, der nicht sehen kann, ist
( ) blind   ( ) taub   ( ) lahm.
c) Ein Mensch, der für kurze Zeit ohne Bewusstsein ist, ist
( ) atemlos   ( ) ohnmächtig   ( ) krank.
d) Ein Mensch, der nicht hören kann, ist
( ) ohrlos   ( ) lautlos   ( ) taub.
e) Ein Bein, das man nicht mehr bewegen kann, nennt
man
( ) lahm   ( ) bewegungslos   ( ) schmerzhaft.

1.8 Leben und Tod | 1–2000

38. Wie ist die richtige (zeitliche) Reihenfolge für diese Nomen?

| Alter | Berufsleben | Geburt | Jugend | Kindheit | Tod |

a) ⟶ b) ⟶ c) ⟶ d) ⟶ e) ⟶ f) ⟶

a) *Geburt*   d) _____

b) _____   e) _____

c) _____   f) _____

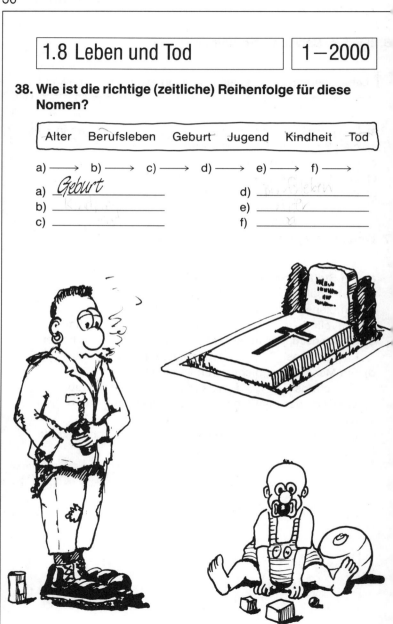

9. Ergänzen Sie die Adjektive.

> gestorben   jung   geboren   tot   alt   tödlich

a) Herzlichen Glückwunsch zum Geburtstag! Sag mal, wie
   _____ bist du eigentlich geworden?
b) Wann und wo sind Sie _____?
c) Vera ist sehr _____ _____ . Sie
   war erst 26 Jahre alt.
d) Sandra ist bei einem Verkehrsunfall _____
   verletzt worden. Sie war sofort _____.

2001 – 4000

40. Welches Nomen passt am besten?

> Alter   Begräbnis   Erbe   Krise   Selbstmord

a) Grab, Friedhof, Priester, Kirche: _____

b) Angst, Verzweiflung, hoffnungslos sein, sterben wollen:
   _____

c) Rente, Freizeit, Großvater, Großmutter: _____

d) Testament, Toter, Geld, Verwandte: _____

e) Probleme haben, Hilfe brauchen, unglücklich sein:
   _____

2 Handlungen und Aktivitäten

2.1 Sinne und Körperfunktionen | 1-2000

41. Welche Verben passen zu welchem Körperorgan?

| anfassen | ansehen | beobachten | betrachten | blicken |
| fühlen | greifen | hören | riechen | schauen | sehen |

a) mit den
   Händen: _fühlen_ _greifen_

b) mit den Augen: _beobachten_ _sehen_ _blicken_ _ansehen_ _betrachten_

c) mit den Ohren: _hören_

d) mit der Nase: _____

42. Welches Nomen passt zu welchem Verb?

| frieren | schlafen | schwitzen | weinen |

a) Hitze: _schwitzen_

b) Kälte: _frieren_

c) Bett: _schlafen_

d) Tränen: _weinen_

43. Welches Verb passt?

| anfassen | frieren | hören | riechen |
| schlafen | träumen | weinen |

a) _____ : an den Händen, an den Ohren, am
   ganzen Körper, bei diesem Wetter,
   sehr, ständig, leicht

b) _____ : vor Schmerz, vor Freude, vor Wut,
   um den toten Freund, laut, heftig,
   leise, still

c) _____ : (1) nach Bier, nach Käse, nach Rauch, gut, schlecht, (un)angenehm, herrlich, frisch
(2) nichts, frisches Brot, bei Schnupfen wenig, an der Blume

d) _____ : ein Konzert im Radio, nur auf einem Ohr, deine Stimme, deutlich, gut, schlecht, schwer

e) _____ : mit den Händen, nur mit Handschuhen, vorsichtig, fest, zärtlich

f) _____ : zehn Stunden lang, im Hotel, im eigenen Bett am besten, tief, fest, gut, (un)ruhig, schlecht, sonntags lange

g) _____ : etwas Schönes, etwas Komisches, von Johanna, nur selten, jede Nacht, wenig, viel

4. In jedem Satz fehlt ein Nomen! (Drei Nomen haben zwei verschiedene Bedeutungen.)

> Blick (1)   Blick (2)   Geruch   Geschmack (1)
> Geschmack (2)   Schlaf   Träne   Traum (1)   Traum (2)

a) Ich brauche nachts nicht viel _____. Sechs Stunden sind genug.

b) Den bitteren _____ von Grapefruits mag ich nicht.

c) Der _____ von unserem Balkon ist sehr schön. Wir schauen direkt aufs Meer.

d) Wegen der Chemiefabrik liegt über der Stadt immer ein merkwürdiger _____. An warmen Tagen ist es am schlimmsten.

e) Max konnte den Nachbarn nicht leiden. Er hat keine _____ geweint, als er starb.

f) Heute Nacht hatte ich einen schrecklichen
_____.

g) Sie hat einen freundlichen und offenen _____ *Spruch* _____
_____ . Sie ist sicher ein ehrlicher Mensch.

h) Birgit ist immer gut angezogen; sie hat einen ausge-
zeichneten _____ .

i) Ich möchte einmal für vier Wochen allein auf einer Süd-
seeinsel sein. Das ist mein _____ .

$$2001 - 4000$$

45. Welches Verb passt?

a) Du hast ja eine andere Haarfarbe! Fast hätte ich dich
nicht _____ . *(wahrnehmen/erkennen/sehen)*

b) Kannst du bitte mit Jochen zum Arzt gehen? Ich kann
nicht _____ , wenn das Kind eine Spritze
bekommt. *(zusehen/erkennen/wahrnehmen)*

c) Seit seine Frau tot ist, hat sich der alte Mann verändert.
Er _____ manchmal stundenlang ins Leere.
(staunen/betrachten/starren)

d) □ Schau mal, Bruno hat links ein grünes Auge und
rechts ein braunes.
○ Tatsächlich! Das habe ich bei ihm noch nie
_____ . *(erkennen/wahrnehmen/betrachten)*

46. Vor oder nach dem Schlaf – was passt wohin?

| erschöpft sein | aufwachen | ermüden | schläfrig sein |
| aufwecken | wecken | ins Bett gehen | aufstehen |

a) vor dem Schlaf	b) nach dem Schlaf
_____	_____
_____	_____
_____	_____
_____	_____

2.2 Körperpflege und Sauberkeit | 1-2000

7. Zu jedem Bild passt ein Verb.

| abtrocknen | sich duschen | sich kämmen |
| putzen | spülen | waschen | wischen |

48. Was passt nicht?

a) abtrocknen: die Teller, die Seife, die Gläser, sich die Hände, die Wäsche

b) waschen: den Pullover, die Wäsche, das Auto, sich die Haare, sich die Zähne, die Wohnung

c) spülen: den Teppich, das Geschirr, die Gläser, die Messer, die Gabeln, den Fußboden, die Töpfe

d) putzen: die Wohnung, die Schuhe, sich die Nase, die Teller, die Fenster, sich die Zähne, sich die Füße

e) wischen: den Fußboden, die Treppe, Staub, den Pullover, die Wäsche

f) reinigen/
reinigen lassen: den Backofen, den Motor, die Straße, den Staub, das Kleid, den Mantel, sich die Haare

49. Zu jedem Bild passt ein Nomen! Ergänzen Sie den Artikel.

Bad	Bürste	Dusche	Creme	Fleck
Handtuch		Kamm		Seife

a)

b)

c)

d)

2001–4000

0. In jedem Satz fehlt ein Nomen!

| Puder | Rasierapparat | Rasierklinge | Schwamm |
| Waschmaschine | Zahnpastatube | | |

a) Bruno trägt seit vier Wochen einen Bart. Seinen elektri-
   schen _____ hat er verschenkt.

b) Du blutest ja am Kinn! Hast du dich mit der
   _____ geschnitten?

c) Du kannst gerne meine Badewanne benutzen. Hier sind
   Handtücher und Seife; möchtest du zum Waschen lieber
   einen Waschlappen oder einen _____ ?

d) □ Hast du schon deine Zähne geputzt?
   ○ Ich konnte nicht, die _____ ist leer.

e) □ So ein Pech, ich habe mir einen Tomatenfleck auf die
     Bluse gemacht!
   ○ Gib sie mir. Ich stecke sie gleich in die
     _____ und wasche sie.

f) Für die Babypflege braucht man Babyseife, Babyöl und
   _____ .

g)

f)

h)

2.3 Tun (allgemein)　　1–2000

**51. In jedem Satz ist ein Verb kursiv geschrieben.
Welches andere Verb hat die gleiche (sehr ähnliche)
Bedeutung?**

a) Wir haben *uns entschieden*, das Auto nicht zu ver-
kaufen.
   (A) planen　　　(B) probieren　　(C) beschließen
   (D) bemühen

b) Wir treffen uns jeden Dienstag bei mir zu Hause, um
Englisch zu lernen. Möchtest du nicht auch *teilnehmen*?
   (A) sich beteiligen　(B) erledigen　(C) beschließen
   (D) gewöhnen

c) Jens *plant*, in diesem Sommer nach Norwegen zu
fahren.
   (A) entscheiden　(B) besorgen　　(C) erledigen
   (D) vorhaben

d) Ich habe es *geschafft*, die Waschmaschine selbst zu
reparieren.
   (A) vorhaben　　(B) vermeiden　　(C) gelingen
   (D) versuchen

e) Ich *versuche* seit Tagen, beim Chef einen Gesprächster-
min zu bekommen.
   (A) beschäftigen　(B) sich bemühen (C) besorgen
   (D) planen

f) Wir müssen noch Brot und Käse *einkaufen*.
   (A) versuchen　　(B) beteiligen　　(C) besorgen
   (D) vorhaben

g) Hast du deine Schulaufgaben schon *gemacht*?
   (A) erledigen　　(B) gelingen　　(C) bemühen
   (D) beschließen

2. Welche Ergänzungen passen zu den Verben?

a) um eine Auskunft   b) an der Arbeit
   um eine Theaterkarte   an einem Gespräch
   um eine geliebte Person   an einer Feier

c) an das Klima   d) mit der Briefmarken-
   an die neue Wohnung   sammlung
   an die neue Kollegin   mit einem alten Problem
                       mit den Kindern

A) sich _____ beteiligen
B) sich _____ beschäftigen
C) sich _____ bemühen
D) sich _____ gewöhnen

a	b	c	d

**3. ‚Tun‘, ‚machen‘, ‚tun/machen‘ oder ‚arbeiten‘?
Was passt?**

a) Was _____ ihr in eurer Freizeit?
b) Frau Berend _____ bei der Firma Karcher.
c) Keine Angst, der Hund _____ dem Kind nichts.
d) Die Wissenschaftler haben eine neue Entdeckung
   _____ .
e) Was glaubst du, womit kann man ihr eine Freude
   _____ ?
f) Wir sind noch nicht fertig; es gibt viel zu _____ .
g) Er hat wirklich sein Bestes _____ .
h) Sie hat _____ , was der Chef gesagt hat.
i) Die Maschine _____ nicht richtig.
j) Können Sie mir einen Gefallen _____ ?
k) Wegen der vielen Aufträge wird zur Zeit in der Firma
   über zehn Stunden pro Tag _____ .
l) Ich kann Ihnen für das Auto ein günstiges Angebot
   _____ .
m) Die Sache ist mir noch nicht klar. Ich kann mir noch
   kein richtiges Bild _____ .

n) Er hat mit dem Diebstahl nichts zu _____ ; da bin ich ganz sicher.

o) In dem Jahr hat die Firma gute Geschäfte _gemacht/get_.

p) Jens hat mich nicht gegrüßt. Er _____ so, als ob er mich nicht kennt.

q) Produkte verkaufen sich besser, wenn man dafür Reklame _gemacht_.

r) _____ was du willst, aber frage mich nicht mehr!

s) Er ist sehr ängstlich. Du musst ihm Mut _____.

t) Sie brauchen mir nicht zu danken. Ich habe als Arzt nur meine Pflicht _____.

54. In jedem Satz fehlt ein Nomen!

Absicht		Beschäftigung		Handlung
Mühe	Plan		Tätigkeit	Werk

a) Bevor wir anfangen, müssen wir einen _____ machen.

b) Meine Tochter hat sich schon wieder erkältet. Ich glaube, das macht sie mit _____, damit sie nicht zur Schule gehen muss.

c) □ Ich habe noch nie ein richtiges Essen gekocht.
   ○ Das lernst du schon; du musst dir nur _____ geben.

d) Viele alte Leute holen sich einen Hund, damit sie nicht allein sind und eine _____ haben.

e) Gestern habe ich einen tollen Film gesehen. Soll ich dir die _____ erzählen?

f) Das finde ich sehr nett, dass du mir helfen willst. Du kannst den Hof kehren oder den Gartenzaun streichen; welche _____ ist dir lieber?

g) Kommst du mit in die Ausstellung? Es ist auch ein _____ von Picasso dabei.

$$2001-4000$$

. Was passt nicht?

a) ausführen: einen Plan, einen Auftrag, einen Befehl, ein Ziel

b) realisieren: einen Plan, ein Vorhaben, ein Glas Milch, eine Idee, ein Projekt

c) unternehmen: einen Ausflug ins Grüne, eine Reise, einen Verwandtenbesuch, ein Schwimmbad, eine Bootsfahrt

d) vornehmen: eine Angewohnheit, sich ein gesünderer Leben, sich einen langen Urlaub, sich einen Besuch beim Zahnarzt

e) organisieren: eine Veranstaltung, eine Party, die Vorbereitung einer Hochzeit, die Durchführung einer Verkehrsumleitung, den Weg zum Bahnhof

f) aushalten: Schmerzen, Spaß, Hunger, Kälte, Durst,

. Jedes Verb passt zu einer Wörterbucherklärung!

anstrengen	beachten	beabsichtigen
befassen	durchsetzen	

a) _____ : ⟨*sich mit etwas beschäftigen*⟩ sich mit einem Thema, einer Frage, Idee, einem Plan, einer Theorie ∼; sich mit einer Sache genau, lange, gründlich, gern, oft ∼

b) _____ : ⟨*tun, machen wollen*⟩ wir ∼, ein Boot zu kaufen; was ∼ Sie mit Ihrem Plan?; wir ∼, bald zu heiraten

c) _____ : ⟨*etwas erreichen*⟩ seinen
Willen, seine Meinung, seine
Pläne, Absichten, Ideen (gegen
etwas) ∼; wir haben uns beim
Chef mit unseren Forderungen-
∼ können (wir bekommen 6%
mehr Lohn)

d) _____ : **1.** ⟨*beanspruchen*⟩ den
Geist, seinen Kopf, alle Kräfte,
die Augen, die Muskeln ∼
2. ⟨*sich Mühe geben*⟩ sie
musste sich sehr ∼, um die Prüfung zu bestehen

e) _____ : ein Verbot, eine Vorschrift,
eine Regel, eine Warnung,
einen Ratschlag ∼

57. Welches Nomen passt?

a) Monika isst immer sehr langsam und bewusst. Ich finde,
das ist eine gute _____ . *(Bemühung/
Aktivität/Angewohnheit)*

b) Mein Nachbar hat beim Tenniswettkampf einen Herzan-
fall bekommen. Die _____ war zu viel
für ihn. *(Überwindung/Durchführung/Anstrengung)*

c) Sie haben mir wirklich sehr geholfen. Wie kann ich
Ihnen für Ihre _____ danken? *(Ange-
wohnheit/Bemühung/Beachtung)*

d) Ich leide unter Höhenangst. Es kostet mich immer eine
große _____ , wenn ich über eine
Brücke gehen muss. *(Überwindung/Planung/Durchfüh-
rung)*

e) In der Stadtmitte soll ein großer Einkaufsmarkt gebaut
werden. Viele Bürger sind mit dieser
_____ nicht einverstanden. *(Planung/
Anstrengung/Beschäftigung)*

2.4 Bewegung und Ruhe   1–2000

8. Was tun die Personen auf den Bildern? (Schreiben Sie zu jedem Bild dazu, was er/sie macht.)

Auto fahren	sich auf einen Stuhl setzen
auf einem Sofa liegen	zur Bushaltestelle rennen
über einen Bach springen	an einer Bar stehen
beim Skilaufen stürzen	auf den Bus warten
einen Ball treten	spazieren gehen

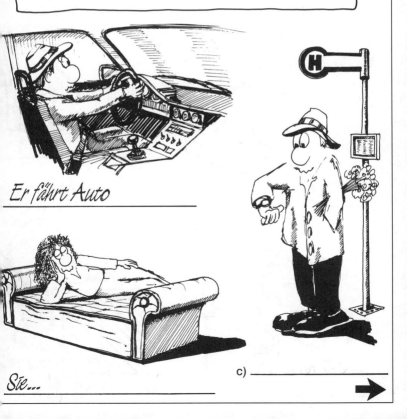

Er fährt Auto

Sie...

c) _____

→

52

d) _____

e) _____

f) _____

g) _____

h) _____

i) _____

j) _____

9. In jedem Satz fehlt ein Verb!

ausruhen	da sein	befinden
beeilen	bleiben	kommen

a) Nach dieser langen Fahrt möchte ich mich erst ein bisschen _____. Ich bin ziemlich müde.

b) _____ Brigitte mit dem Auto oder mit dem Zug?

c) Wir müssen uns _____, sonst kommen wir zu spät.

d) Ich _____ schon seit zwei Stunden _____! Warum kommst du erst jetzt?

e) Können Sie mir bitte sagen, wo sich Herr Jansen _____? In seinem Büro ist er nicht.

f) Ich würde gerne noch länger _____, aber es ist schon spät, und ich muss morgen sehr früh aufstehen.

0. In jedem Satz fehlt ein Nomen!

Aufenthalt	Eile	Ruhe
Schritt	Sprung	Bewegung

a) Wir laufen schon seit vier Stunden. Wenn du jetzt keine Pause machst, gehe ich keinen _____ weiter.

b) Ich steige schnell aus und kaufe eine Zeitung. Der Zug hat hier fünfzehn Minuten _____.

c) Du kannst deinen Kaffee in _____ trinken; wir haben Zeit.

d) Ich habe Jochen in der Stadt getroffen. Leider konnten wir nur wenig reden; er war sehr in _____.

e) Holger sitzt den ganzen Tag im Büro, und wenn er nach Hause kommt, setzt er sich vor den Fernseher. Er wird immer dicker, weil ihm die _____ fehlt.

f) Warst du gestern beim Sportfest? Jürgen war der Beste. 6,15 m – das war ein phantastischer _____!

54

2001 — 4000

61. ,Zurück-', ,weiter-', ,weg-' oder ,vorbei-'? Was paßt?

a) Gestern ist Elena an mir _____-gegangen, ohne
mich zu grüßen.

b) Ich habe meine Tasche im Auto vergessen. Ich muss
unbedingt _____-gehen und sie holen.

c) Wir können hier nicht stehen bleiben; wir müssen
_____-gehen, sonst kommen wir zu spät.

d) Knut ist vor zwei Stunden _____-gegangen. Er
kommt heute abend zurück.

62. Jedes Verb passt zu einem Bild!

aufstehen	anlehnen	ausrutschen	fallen
klettern	kriechen	überqueren	sich umdrehen

a)

b)

c)

2.5 Bewegen von Dingen und Lebewesen | 1—2000

53. Welches Verb passt am besten?

| bringen | holen | schicken | stellen |

a) ein Glas aus dem Schrank
   ein Buch aus dem Regal
   das Bier aus dem Kühlschrank
   das Brot vom Bäcker   _____

b) ein Glas in den Schrank
   ein Buch ins Regal
   das Bier in den Kühlschrank
   das Fahrrad an die Wand   _____

c) ein Paket zur Post
   einen Freund nach Hause
   den Anzug in die Reinigung
   dem Gast eine Suppe

   } _____

d) ein Paket nach Spanien
   einen Brief per Eilpost
   den Eltern ein Telegramm
   den Hund aus dem Zimmer

   } _____

64. Jedes Verb passt zu einem Bild!

| drehen | hängen | rollen | schieben |
| tragen | | wenden | werfen |

f)

g)

2001 – 4000

**5. Jedes Verb passt zu einem Bild! (‚treiben' passt zwei-
mal, weil es zwei verschiedene Bedeutungen hat.)**

schleppen	strömen	schütteln
schwimmen	treiben (1)	treiben (2)

a)

b)

c)

d)

e)

f)

2.6 Geben und Nehmen | 1–2000

66. Was passt nicht?

a) empfangen: Gäste, ein Geschenk, einen Brief, einen guten Geschmack, Geld, ein Telegramm

b) leisten: den Verletzten Hilfe, ein gutes Gehalt, gute Arbeit, sich einen teuren Urlaub

c) verteilen: die Bücher in der Klasse, das Tischtuch auf dem Tisch, Zeitungen in der Stadt, Bonbons unter die Kinder

d) erhalten/ bekommen: ein Paket von Christa, auf eine Frage keine Antwort, Besuch, schnelles Arbeiten

e) sich... teilen: die Arbeit, die Temperatur, das Essen, die Wohnung

f) annehmen: eine schöne Erinnerung, eine neue Stelle, Hilfe von Freunden, ein Geschenk, das Tablett mit den Gläsern

g) verzichten: auf die Mittagspause, auf deine Hilfe, auf einem Berg, auf deine dummen Ratschläge, auf eine Bezahlung

67. In jedem Satz fehlt ein Verb!

anbieten	bieten	danken	geben
haben	brauchen	nehmen	tauschen

a) Das Restaurant hier an der Ecke hat nicht viel zu
_____ ; es gibt nur drei einfache Gerichte.

b) Wollen wir unsere belegten Brote nicht
_____? Du nimmst mein Käsebrot und ich
esse dein Wurstbrot.

c) _____ du mir bitte den Pfeffer? Er steht
links neben dir auf dem kleinen Tisch.

d) _____ Sie doch noch etwas Fleisch. Es ist
genug da.

e) Darf ich Ihnen eine Zigarette _____?

f) Ich _____ dir für das Abendessen. Du bist wirklich ein guter Koch.

g) _____ wir noch Brot, oder müssen wir welches kaufen?

h) Ich _____ wirklich kein Auto; mein Büro ist nur zwei Straßen weiter, und ansonsten benutze ich die U-Bahn.

2001 – 4000

8. In jedem Satz fehlt ein Verb!

| abgeben | aufteilen | benötigen | reichen | umtauschen |
| verleihen | verweigern | wegnehmen | zurückgeben |

a) Unsere Abteilung wurde geschlossen. Die Angestellten wurden auf die anderen Abteilungen _____.

b) Wir müssen noch einkaufen, das Brot _____ nicht.

c) Du musst dir keine Bohrmaschine kaufen. Die Firma Küppers _____ welche. Die Gebühr beträgt 10 DM pro Tag.

d) Kannst du mir das Buch über Elektrotechnik, das ich dir geliehen habe, nächste Woche _____?

e) □ Sie fahren doch bei der Firma Tetzloff vorbei. Könnten Sie dort bitte dieses Paket _____?
   ○ Selbstverständlich.

f) Wir _____ unbedingt eine neue Waschmaschine; die alte kann man nicht mehr reparieren.

g) Wenn Ihrem Mann das Hemd nicht gefällt, können Sie es innerhalb von 10 Tagen _____.

h) Du musst dem Kind das Messer _____, das ist zu gefährlich.

i) Vor dem Gericht _____ der Angeklagte jede Aussage.

69. Welches Verb passt zu den Wörterbucherklärungen?

> übergeben   überlassen   übernehmen   überreichen

a) _____ : einer Person einen Preis, ein Geschenk, eine Urkunde ~

b) _____ : ein Geschäft, eine Arbeit, eine Aufgabe, einen Auftrag ~; wir ~ eine Garantie von fünf Jahren; für diesen Schaden ~ wir keine Verantwortung

c) _____ : bitte ~ Sie diesen Brief Herrn Friedrichs persönlich; nächstes Jahr will er das Geschäft seiner Tochter ~; am 15.8. müssen wir unsere Wohnung dem Nachmieter renoviert ~

d) _____ : **1.** während des Urlaubs ~ wir unserer Tochter das Auto; er hat mir die ganze Arbeit ~ **2.** das ist meine Sache, das musst du schon mir ~, wie ich das mache; es ist mir ~, wann ich morgens anfange zu arbeiten

2.7 Umgang mit Dingen und Lebewesen

1–2000

70. Zu jedem Bild passt ein Verb!

> biegen   drücken   gießen   graben   brechen   heben
> sich kratzen   füllen   kleben   mahlen   stechen
> schneiden   reiben   wechseln   wickeln   pressen

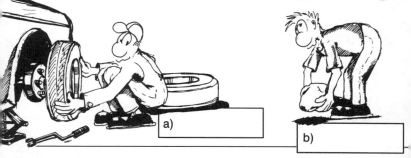

a)

b)

71. Welches Verb passt?

> anwenden   mischen   hängen   zumachen/öffnen
> aufräumen   aufhören   stecken   abmachen

a) die Jacke über den Stuhl
   den Mantel an die Garderobe
   die Lampe an die Decke
   das Regal an die Wand

   _____

b) die Farben richtig
   die Gewürze gut
   verschiedene Fruchtsäfte
   die Karten vor dem Spiel

   _____

c) meine Kenntnisse in der Praxis
   bei der Produktion eine neue
   Technik
   die Medizin genau nach Rezept
   eine Regel falsch

   _____

d) den Brief in den Briefkasten
   sich ein Stück Schokolade in den
   Mund
   die Brille in die Tasche
   Blumenzwiebeln in die Erde

   _____

e) den Mantel
   die Kellertür
   die Dose
   den Brief

   _____

f) das Zimmer
   den Schreibtisch
   die Werkstatt
   die Unordnung im Büro

   _____

g) mit der Arbeit um 16 Uhr
   mit dem Rauchen
   mit dem Schimpfen
   mit dem Lernen
   } _____

h) die Briefmarke von der Postkarte
   den Dreck von den Schuhen
   das Preisschild von der Flasche
   das alte Türschild
   } _____

72. Welches Verb passt am besten?

| finden | kürzen | sammeln |
| verhindern | verlieren | verstecken |

a) Tasche, Geld, Papiere, weg: _____
b) Hose, zu lang, passt nicht, Nähmaschine:

   _____
c) suchen, lange Zeit, verloren, wieder da, sich freuen:

   _____
d) Briefmarken, seit 20 Jahren, Hobby: _____
e) Unglück, Gefahr, warnen, nichts passiert:

   _____
f) geheim, Papiere, in einem Buch: _____

73. In jedem Satz fehlt ein Verb!

| aufhalten | behandeln | gebrauchen | legen | leihen |
| schließen | treten | verwenden | wiegen | ziehen |

a) Bevor wir gehen, müssen wir alle Fenster
   _____ . Es gibt wahrscheinlich ein Gewitter.
b) Ich habe jetzt keine Zeit zum Lesen. _____
   Sie die Zeitung bitte auf den Tisch.
c) Sie haben keine Hand frei. Warten Sie, ich werde Ihnen
   die Tür _____ .

d) □ Hast du die Kartoffeln schon _____?
   ○ Ja, es sind genau 10 Kilo.
e) Die Gartenbank kann auch im Winter draußen bleiben.
   Ich habe sie mit einem Holzschutzmittel _____.
f) Du hast die falschen Schrauben gekauft. Ich wollte viel
   längere; diese hier kann ich nicht _____.
g) □ Wir haben zu viel Butter eingekauft.
   ○ Das macht nichts; wir können einen Teil zum Backen
   _____.
h) Kannst du mir dein Fahrrad _____? Ich will
   nur schnell zur Post fahren.
i) So kannst du die Tür nicht öffnen. Du musst
   _____, nicht drücken!
j) □ Warum hast du denn so nasse Schuhe?
   ○ Ich bin aus Versehen in eine Wasserpfütze _____.

74. In jedem Satz fehlt ein Nomen!

| Anwendung | Sammlung | Verbrauch | Verwendung |

a) Der _____ von Gas und Heizöl ist in den
   letzten Jahren ständig gesunken.
b) Die _____ der neuen Produktionstechniken
   macht noch große Probleme.
c) Das Deutsche Museum in München hat eine große
   _____ alter Autos aus der Anfangszeit der
   Autoproduktion.
d) Die _____ von chemischen Stoffen in deut-
   schem Bier ist verboten.

5. Eine Ergänzung passt nicht!

a) stoßen: sich den Kopf, den Freund ins Wasser, die Stange in die Erde, das Wasser

b) führen: einen Betrieb, den Stadtplan, das Kind an der Hand, beim Spiel mit 60 Punkten, den Hund an der Leine

c) leiten: ein Fahrrad, eine Abteilung, den Verkehr in eine andere Richtung, Wasser durch ein Rohr

d) trennen: zwei streitende Kinder, sich vom Ehepartner, den Wollstoff in zwei Teile, das Frühstück

e) prüfen: die Qualität der Milch, den Schüler in Mathematik, die Angst vor der Prüfung, die Gasleitung

f) vorbereiten: die Brieftasche, sich auf die Prüfung, eine Reise, das Essen für den nächsten Tag

g) stören: die Ruhe im Haus, den Bruder beim Schlafen, die Haustür, die Nachbarn durch laute Musik

h) fangen: das Wetter, den Ball, Fische, einen Dieb

6. Vier Verben. Drei passen zusammen, eins passt nicht dazu!

a) pflegen – festhalten – sorgen – sich kümmern

b) treten – fassen – halten – festhalten

c) schützen – versorgen – pflegen – leiten

d) warnen – aufpassen – dulden – retten

e) hindern – treffen – stören – im Weg stehen

f) ersetzen – gebrauchen – benutzen – verwenden

g) schaffen – gelingen – klappen – ändern

h) biegen – brechen – finden – drücken

77. Ein Adjektiv/Adverb passt nicht!

a) berühren: leicht – dünn – vorsichtig – zufällig
b) festhalten: sicher – gut – dick – kräftig – vorsichtig – lange
c) pflegen: sorgfältig – schwach – geduldig – gut
d) stören: schmal – stark – sehr – erheblich – dauernd
e) treffen: genau – tödlich – gut – voll – groß
f) verändern: stark – ganz – langsam – scharf – leicht – teilweise – vollständig – total
g) trennen: total – ordentlich – kalt – sorgfältig – vorsichtig
h) prüfen: genau – dick – dauernd – ordentlich – vollständig – streng
i) suchen: sorgfältig – ordentlich – schwach – geduldig – genau

78. Welches Verb passt?

dulden	schaffen	ersetzen	kümmern
pflegen	sorgen	treffen	versorgen

a) keinen Widerspruch
keine Änderung
keine Diskussion
keine Pause   _____

b) sich allein um die Kinder
sich um die Reisevorbereitungen
sich um die kaputte Heizung
sich um Theaterkarten   _____

c) die Zimmerpflanzen
einen Kranken
die Zähne
den Garten   _____

d) die Holztreppe durch eine
   Steintreppe
   viele Angestellte durch Computer
   den Verlust
   die Fahrtkosten
   } _____

e) Claudia um 9 Uhr
   Jens jeden Tag im Bus
   mit dem Ball ins Tor
   das Ziel genau
   } _____

f) für eine schnelle Entscheidung
   sich um Sabines Gesundheit
   sich um die Zukunft
   für das Kind
   } _____

g) die Unglücksopfer mit
   Medikamenten
   die Flüchtlinge mit Kleidung
   die Gäste mit Getränken
   die Patienten gut
   } _____

h) den ganzen Tag im Garten
   den Schrank ins Wohnzimmer
   im Betrieb gute Arbeits-
   bedingungen
   eine Arbeit in zwei Stunden
   } _____

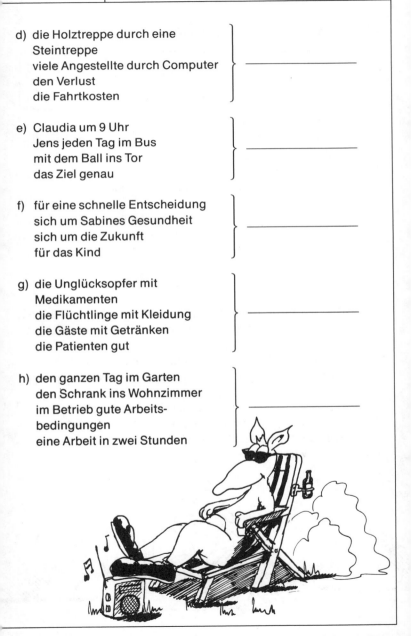

79. In jedem Satz fehlt ein Nomen!

Gewohnheit	Verantwortung	Führung
Kontrolle	Pflege	Warnung	Vorsicht
Versprechen	Suche	Schwierigkeiten (Pl.)

a) Sie können das Museum nicht allein besichtigen. Die
   nächste _____ beginnt in 20 Minuten.

b) Hat Leo endlich eine Wohnung gefunden, oder ist er
   immer noch auf der _____?

c) Die Pflanze ist sehr schön, aber sie braucht viel
   _____.

d) An der Grenze gab es nur eine kurze (Pass-)
   _____, dann konnten wir weiterfahren.

e) Mein Vater trägt immer eine Mütze. Das ist eine alte
   _____.

f) Wir hatten große _____, ein Taxi zu
   bekommen.

g) Der Techniker trägt die _____ für den
   Unfall, weil er die Maschine nicht rechtzeitig kontrolliert
   hat.

h) Ihr wollt wirklich schon am Wochenende fahren? Habt
   ihr nicht die _____ der Verkehrspolizei
   gehört?

i) _____, die Straße ist glatt!

j) Jens hat gesagt, dass er in Zukunft früher aufstehen
   will. Ich glaube nicht, dass er dieses _____
   halten wird.

2001–4000

. Welches Verb passt?

a) Gestern Abend hatten wir keinen Strom. Wir sind alle ins Wohnzimmer gegangen und haben eine Kerze _____. *(anschalten/anzünden/verbrennen)*

b) □ Warum ist denn die Zeitung so kaputt?
   ○ Der Hund hat sie _____. *(zerreißen/reißen/verwandeln)*

c) Die Bettwäsche ist trocken, aber ich kann sie nicht alleine _____. Hilfst du mir bitte? *(hinlegen/überlegen/zusammenlegen)*

d) Geh doch mal an die Tür. Ich glaube, jemand hat _____. *(klopfen/anfassen/schlagen)*

e) Dein Kleid ist sehr schön. Hast du es selbst _____? *(bilden/nähen/verwirklichen)*

f) □ Seid ihr mit der Renovierung eurer Wohnung schon fertig?
   ○ Nein, wir müssen noch die Wände im Bad _____. *(streichen/bedecken/zeichnen)*

g) Ich will noch ein paar Erbsen in die Suppe tun. Kannst du schon mal die Dose _____? *(lösen/aufstellen/aufmachen)*

h) Der Fehler war sehr schwer zu finden. Wir mussten den Motor völlig _____. *(auseinander nehmen/beschädigen/umrühren)*

i) Willst du nur das Würstchen essen, oder soll ich dir dazu eine Scheibe Brot _____? *(abschneiden/lösen/aufmachen)*

j) Wir haben nicht mehr genug Brennstoff für den Ofen. Du musst morgen wieder Holz _____. *(zerbrechen/zerreißen/sägen)*

81. Was passt nicht?

a) abschalten: den Fernseher, das Radio, die Kerze, die Maschine

b) aufheben (1): ein Geldstück, eine Frage, ein Taschentuch vom Boden, einen heruntergefallenen Bleistift

c) aufheben (2): alle Briefe, alte Zeitschriften; Rechnungen zwei Jahre lang, einen guten Gedanken

d) ausschalten: das Fenster, den Fernseher, das Radio, die Nachrichtensendung

e) befestigen/festmachen: eine Blume im Haar, ein Boot am Ufer, Kerzen im Weihnachtsbaum, Nudeln in der Suppe

f) beseitigen: Abfälle, Schmutz, Flecken, Luft, Müll

g) falten: die Zeitung, das Holz, das Taschentuch, das Briefpapier

h) rühren: mit dem Löffel im Brei, in der Suppe, den Teig kräftig, die Wurst aufs Brot

i) steigern: den Fruchtsaft, die Miete, die Leistung, die Geschwindigkeit, die Wut

j) trocknen: die Wäsche, sich die Haare, den Regen, eine nasse Bluse

k) unterbrechen: die Uhrzeit, ein Gespräch, die Zugfahrt in Nürnberg, eine Reise

l) unterlassen: eine Frage, eine Bemerkung, einen Hund, notwendige Hilfe

m) vergießen: eine Tischdecke, Wein, Kaffee, Tränen

82. Vier Verben. Drei passen zusammen, eins passt nicht dazu!

a) beschädigen – zerbrechen – zerreißen – spannen

b) aufstellen – zusammenbauen – aufmachen – aufbauen

c) senken – erhöhen – hinzufügen – verstärken

3. Was passt nicht?

a) beaufsichtigen: die Kinder beim Spielen, die Überraschung, die Gefangenen, nachts den Park

b) betreuen: einen alten Mann, eine Reisegruppe, stundenweise ein Kleinkind, die Bemühung

c) erreichen: die Luft, rechtzeitig den Zug, ein Ziel, den Freund am Telefon

d) erteilen: Aufsicht, einen Befehl, eine Erlaubnis, Unterricht

e) erwischen: den Zug in letzter Minute, die letzte Kinokarte, einen Dieb, eine Prüfung

f) schimpfen: über das schlechte Wetter, mit den Kindern, mit einem Buch, über die Arbeit

g) unterstützen: einen Vorschlag, einen Fehler, eine Partei, einen armen Verwandten

h) verbergen: einen Berg, seine Augen hinter einer dunklen Brille, seine Angst, gestohlenes Geld

i) verbessern: ein Produkt, einen Fehler, die Arbeitsleistung, die Störung

j) vernachlässigen: das Wasser, die Kinder, die Familie, die Arbeit

k) versäumen: die Hälfte eines Films, das Wetter, den Zug, zwei Unterrichtsstunden

l) verwöhnen: die Prüfung, das einzige Kind zu sehr, den Ehepartner mit seinen Kochkünsten, sich selbst

84. Welches Verb passt?

a) ☐ Spielst du noch jeden Samstag Tennis?
   ○ Nein, das habe ich _____. *(nachgeben/ aufgeben/abgeben)*

b) Meine Kollegin _____ drei Fremdsprachen. *(beherrschen/wissen/kennen)*

c) Lena ist eine nette Kollegin, aber sehr schüchtern. Wir müssen sie mehr in unsere Gespräche _____. *(einbeziehen/einziehen/einführen)*

d) Meine Großmutter kann nicht mehr alleine laufen; man muss sie _____. *(fördern/beaufsichtigen/ stützen)*

e) Vorsicht, diese Flasche _____ ein Pflanzengift! *(anhalten/enthalten/festhalten)*

f) So ein Pech! Ich habe den Pullover zu heiß gewaschen; jetzt ist er _____. *(eingehen/ausgehen/weggehen)*

g) Mein Freund kann sehr gut Vogelstimmen _____. *(aufgeben/nachgeben/nachahmen)*

h) Jochen wollte unbedingt einen Hund haben. Schließlich haben seine Eltern _____. *(nachgeben/weggeben/übergeben)*

i) ☐ Warum hast du die Tischdecke _____?
   ○ Weil auf der anderen Seite ein Fleck ist. *(umdrehen/ abdrehen/aufdrehen)*

j) Herr Maas ist ein beliebter Lehrer. Er kann sehr gut mit Kindern _____. *(eingehen/umgehen/weggehen)*

k) Eine Glastür _____ die Küche mit dem Esszimmer. *(verbinden/anbinden/vermitteln)*

l) Sag deiner Schwester nicht, dass ich komme. Ich will sie _____. *(überprüfen/übersehen/überraschen)*

5. Was passt zusammen?

a) Prüfung	A) fühlen, spüren, auf der Haut, mit den Händen
b) Störung	B) Examen, Note, Angst haben, viel lernen
c) Überraschung	C) Abschied nehmen, weggehen, sich nicht mehr sehen, allein sein
d) Berührung	D) helfen, unterstützen, Leistung verbessern
e) Förderung	E) nachsehen, kontrollieren, testen
f) Trennung	F) Aufregung, Freude, nicht gewusst, nicht daran gedacht
g) Überprüfung	G) technischer Fehler, funktioniert nicht richtig, kaputt, Reparatur

a	b	c	d	e	f	g

2.8 Lernen und Wissen | 1–2000

6. Vier Nomen. Drei passen zusammen, eins passt nicht dazu!

a) Begabung – Fähigkeit – Wissen – Zeile

b) Regal – Buchstabe – Wort – Satz

c) Forschung – Korrektur – Wissenschaft – Theorie

d) Theorie – Regal – Buch – Bibliothek

e) Probe – Versuch – Buchstabe – Test

f) Buch – Begriff – Zeile – Seite

g) Lehrer – Korrektur – Fehler – Bibliothek

h) Rechnung – Idee – Gedanke – Überlegung

i) Wissenschaftler – Lehrer – Student – Seite

j) Regal – Wort – Begriff – Bedeutung

87. Welches Nomen passt?

Seite   Fähigkeit   Bibliothek   Wissenschaftler
Theorie   Rechnung

a) Schule – Lehrer : Universität – _____
b) Auto – Garage : Buch – _____
c) Wörter – Lesetext : Zahlen – _____
d) Maler – Bild : Wissenschaftler – _____
e) Wissen – Bildung : Können – _____
f) Buchstabe – Wort : Zeile – _____

88. In jedem Satz fehlt ein Nomen!

Beispiel   Bildung   Fach
Fortschritte (Pl.)   Geschichte   Naturwissenschaft

a) Er interessiert sich sehr für _____ ;
   später will er Physiker werden.
b) Es gibt viele deutsche Wörter, die zwei oder mehr
   Bedeutungen haben. Das Nomen ‚Bank' ist dafür ein
   _____ .
c) Jens lernt Tag und Nacht für seine Prüfung; er macht
   gute _____ .
d) □ Welches _____ macht dir in der
      Schule am meisten Spaß?
   ○ Am liebsten habe ich Biologie.
e) Man muss wissen, wie die europäischen Hauptstädte
   heißen. Das gehört zur allgemeinen
   _____ .
f) Ich muss noch etwas über das Mittelalter lesen. Morgen
   haben wir eine Prüfung in _____ .

9. Was passt zusammen?

a) aufschreiben   A) Buch, Zeitung, Illustrierte, Brille
b) sich erinnern   B) Fehler, verbessern, Lehrer, Schule
c) korrigieren   C) Hand, Kugelschreiber, Papier, Notiz
d) lernen   D) Information, neu, hören
e) lesen   E) neues Wissen, üben, behalten, fleißig sein
f) erfahren   F) gut können, Fremdsprache, Regeln eines Spiels
g) beherrschen   G) noch wissen, wieder wissen, nicht vergessen haben
h) bedeuten   H) Sinn, Inhalt, Wort, Satz, verstehen

a	b	c	d	e	f	g	h

2001–4000

0. Hier fehlen Buchstaben! (Wie heißen die Fächer, die man an der Universität studieren kann?)

a) Ch . . . e   b) Ge . . an . . tik   c) Ph . . osoph . .
d) . . ysik   e) Bi . . ogie   f) Geo . . . phie

1. Zwei Nomen haben eine ähnliche Bedeutung!

a) Bibliothek   A) Erfindung
b) Geographie   B) Band
c) Buch (einer Reihe)   C) Autor
d) Verfasser   D) praktische Erfahrung
e) Konzentration   E) Untersuchung
f) Erforschung   F) Aufmerksamkeit
g) Forscher   G) Erdkunde
h) These   H) Wissenschaftler
i) Entdeckung   I) Theorie
j) Praxis   J) Bücherei

a	b	c	d	e	f	g	h	i	j

92. Welches Nomen passt?

a) Ich muss mir etwas aufschreiben. Kannst du mir bitte
   ein _____ Papier geben? *(Band/Buch/Blatt)*
b) Die chemische _____ für Wasser ist H_2O.
   (Formel/Tabelle/Übersetzung)
c) Also, wir treffen uns am nächsten Dienstag um 14 Uhr.
   Ich mache mir gleich eine _____ in meinen
   Kalender, damit ich es nicht vergesse. *(Wort/Notiz/Zeile)*
d) Sei vorsichtig! Du hast zwar jetzt deinen Führerschein,
   aber richtig fahren lernt man erst durch die
   _____. *(Theorie/Praxis/Entdeckung)*
e) Der Verfasser hat das Buch auf Arabisch geschrieben.
   Leider gibt es noch keine deutsche _____.
   (Übersetzung/Überschrift/Überlegung)

93. Was passt nicht?

a) vorlesen: ein Buch, ein Gespräch, ein
   Märchen, ein Gedicht
b) übersetzen: eine Bücherei, ein Buch, einen
   Brief aus dem Englischen ins
   Deutsche, einen Roman
c) sich konzentrieren: auf die Arbeit, auf ein Buch, beim
   Lernen, beim Schlafen
d) im Stande sein: zu bedeuten, konzentriert zu
   arbeiten, ein Buch an einem Tag
   zu lesen, ohne Fehler zu schreiben
e) entdecken: etwas Neues, ein Land, einen
   Stern, den Überblick

3 Sprache und Sprechabsichten

3.1 Allgemeines | 1—2000

94. Zu jedem Wort passt ein Gegenteil.

a) sprechen

b) fragen

c) Frage

d) laut

e) aufgeregt

> leise
>
> schweigen
>
> ruhig
>
> antworten
>
> Antwort

2001—4000

95. Was passt?

a) Ich kann ihn schlecht verstehen, wenn er spricht. Er hat eine sehr undeutliche ＿＿＿＿＿＿＿＿＿. *(Aussprache/Verständigung/Besprechung)*

b) Das englische ‚th' ist für Deutsche ein schwieriger ＿＿＿＿＿＿＿＿＿. *(Buchstabe/Ton/Laut)*

c) □ Worüber habt ihr gerade gelacht?
○ Manfred hat einen ＿＿＿＿＿＿ erzählt. *(Spaß/Witz/Humor)*

d) Gestern habe ich mit meiner Schwester in New York telefoniert. Leider war die ＿＿＿＿＿＿＿ nicht so gut. *(Aussprache/Verständigung/Aussage)*

e) Ich weiß, dass Sie eine andere Meinung vertreten. Aber Sie sollten sich meine Argumente wenigstens ＿＿＿＿＿＿＿＿＿. *(anhören/zuhören/ansehen)*

f) Angelika hat heute noch kein Wort gesprochen. Warum ist sie denn so ＿＿＿＿＿＿＿? *(leise/wortlos/ schweigsam)*

3.2 Sprechen   1 – 2000

6. In jedem Satz fehlt ein Nomen!

> Aussage   Bemerkung   Gespräch   Ausdruck
> Muttersprache   Mitteilung   Stimme

a) Sie lebt erst zwei Jahre in Spanien, aber sie spricht Spanisch schon fast so gut wie ihre _____.

b) Der Angeklagte behauptet vor Gericht, dass er nicht schneller als 50 km/h gefahren ist. Der Staatsanwalt hält diese _____ für falsch.

c) Ich kenne ihn nur durch zwei Telefongespräche. Jedenfalls hat er eine angenehme _____.

d) Gisela ist beleidigt, weil Jochen eine freche _____ über ihren neuen Hut gemacht hat.

e) Bevor ich mich entscheiden kann, habe ich noch einige Fragen. Wann hätten Sie Zeit für ein _____?

f) ‚Geographie‘ ist der wissenschaftliche _____ für ‚Erdkunde‘.

g) Ab nächsten Monat müssen wir eine höhere Wohnungsmiete bezahlen. Gestern haben wir die _____ bekommen.

7. Welches Verb passt?

a) □ Stimmt es, dass deine Eltern in Argentinien leben? Wie kommt das denn?
   ○ Das ist eine lange Geschichte. Heute Abend kann ich dir das in Ruhe _____. *(sprechen/erzählen/mitteilen)*

b) Frank ist beleidigt; seit Tagen _____ er nicht mit mir. *(sprechen/sagen/erzählen)*

c) □ Weißt du, ob Sabine ihren Freund mitbringt?
   ○ Nein, sie hat mir nichts _____. *(reden/sprechen/sagen)*

d) Gestern hatte meine Großmutter Besuch von einer
Freundin. Die beiden haben nur über ihre Krankheiten
_____ . *(reden/sagen/wiederholen)*

e) Ich habe Sie leider nicht ganz verstanden. Können Sie
Ihre Frage bitte noch einmal _____ . *(wiederholen/erzählen/mitteilen)*

f) Da liegt ein alter Mann auf der Straße. Wir müssen
schnell einen Arzt _____ . *(mitteilen/rufen/telefonieren)*

g) Nächste Woche bekomme ich ein Telefon. Ich werde
Ihnen dann sofort meine Nummer _____ .
(bemerken/wiederholen/mitteilen)

$$2001-4000$$

98. Zu welcher Wörterbucherklärung passen die Verben?

| vereinbaren | schildern | besprechen |
| benachrichtigen | ausdrücken | |

a) _____ : sich gut, schlecht, deutlich,
undeutlich, klar, kompliziert,
einfach, verständlich ~; kann
man diese Sache nicht einfacher
~?; ich weiß nicht, wie ich es ~
soll

b) _____ : ein Problem, eine Frage, einen
Plan genau, gründlich ~; das
muss ich zuerst mit meiner Frau
~

c) _____ : ein Erlebnis, einen Vorgang, Eindrücke ~; der Zeuge konnte den
Unfall genau ~; ich kann Ihnen
kaum ~, wie ich mich über den
Brief geärgert habe

d) _____ : über unsere Entscheidung
werden wir sie sofort ~; ~ Sie
sofort einen Krankenwagen, an
der Ecke ist ein Unfall passiert; ~
Sie mich bitte, wenn Herr Tanner
zurückkommt

e) _____ : einen Termin, einen Treffpunkt
~; wir müssen noch ~, wann die
Ware bezahlt werden soll

9. Finden Sie eine Reihenfolge für diese Verben? (Lautstärke)

a) flüstern   b) schreien   c) rufen   d) sprechen
e) schweigen

0. Was passt zusammen?

a) betonen
b) ankündigen
c) sich versprechen
d) murmeln
e) flüstern

A) leise und undeutlich mit sich selbst sprechen
B) bekanntgeben, was gleich oder demnächst passieren (kommen, stattfinden) wird
C) ganz leise mit jemandem sprechen
D) ein Wortteil, ein Wort, einen Satz mit der Stimme hervorheben
E) etwas falsch aussprechen; aus Versehen einen Fehler beim Sprechen machen

a	b	c	d	e

101. In jedem Satz fehlt ein Nomen!

> Besprechung/Unterredung   Schrei   Anmerkung
> Schilderung   Vereinbarung

a) Dr. Ritter gibt heute eine _____ seiner
   Reise durch die Sahara.
b) Bitte rufen Sie in einer Stunde wieder an. Herr Maler ist
   gerade in einer _____ .
c) Sie hat während des ganzen Gesprächs nicht viel
   gesagt. Nur ab und zu hat sie eine kurze
   _____ gemacht.
d) Ich habe einen _____ gehört! Vielleicht braucht jemand Hilfe.
e) Sie hat unsere _____ gebrochen.

3.3 Schreiben und Lesen   1–4000

102. Welches Wort passt?

a) Ich kann den Brief kaum lesen. Mein Bruder hat wirklich
   eine furchtbar schlechte _____ .
   (Sprache/Schrift/Rechtschreibung)
b) Ihre Tochter ist eine gute Schülerin, nur beim Schreiben
   macht sie noch viele Fehler. Sie sollte jeden Tag eine
   halbe Stunde _____ üben. *(Recht-
   schreibung/Schrift/Gutschrift)*
c) □ Kannst du mir einen Kugelschreiber geben?
   ○ Ich habe leider keinen. Möchtest du stattdessen einen
   _____ ? *(Zettel/Radiergummi/Bleistift)*
d) Der Prüfungstermin ist am 26. Mai. Ich muss mich dazu
   _____ anmelden. *(schriftlich/wörtlich/
   verständlich)*
e) Diese Seiten hat der Dichter kurz vor seinem Tod
   geschrieben. Leider ist das meiste _____ .
   (unsichtbar/unlesbar/blind)

3.4 Auskunft | 1–2000

3. Welches Verb passt?

zeigen	erklären	informieren
berichten	melden	beschreiben

a) über die Veranstaltung
   im Radio vom Treffen der
   Präsidenten
   von einem Urlaubserlebnis
   vom Ergebnis des Gesprächs
   } _____

b) den Grund meiner Verspätung
   die Bedeutung des Satzes
   die Ursache der Krankheit
   den Unterschied zwischen den
   Medikamenten
   } _____

c) den Unfall bei der Versicherung
   die Störung der Heizung beim
   Vermieter
   den Diebstahl bei der Polizei
   im Radio eine Verkehrsstörung
   } _____

d) sich über die neuen Gesetze
   sich über einen neuen Computer
   die Kollegen über die neuen
   Arbeitszeiten
   den Geschäftspartner über ein
   neues Produkt
   } _____

e) das Aussehen meiner Freundin
   den Weg zur Post
   dem Arzt die Schmerzen
   die neue Wohnung
   } _____

f) mit dem Finger auf eine Straße im
Stadtplan
dem Hotelgast sein Zimmer   } ——————————
dem Freund ein Urlaubsfoto
den Touristen das Stadtmuseum

104. In jedem Satz fehlt ein Nomen!

> Auskunft   Information   Erklärung   Bericht
> Nachricht   Neuigkeiten (Pl.)   Beschreibung   Rat

a) □ Verzeihung, wo ist die nächste Haltestelle der
   U-Bahn?
   ○ Ich kann Ihnen leider keine _____
   geben, weil ich hier selbst fremd bin.
b) □ Du hast aber lange mit deiner Schwester telefoniert!
   ○ Sie wusste so viele interessante _____.
c) Wenn ich eine Dienstreise mache, muss ich anschlie-
   ßend einen _____ für den Chef
   schreiben.
d) Seit wir in unserer neuen Wohnung wohnen, sind die
   Kinder ständig erkältet. Ich verstehe das nicht; ich habe
   wirklich keine vernünftige _____
   dafür.
e) □ Mein Arzt hat mir gesagt, dass ich wegen meiner Rückenschmerzen täglich eine halbe Stunde schwimmen sollte.
   ○ Das ist ein kluger _____, finde ich.
f) Ich habe die Straße nicht gefunden. Deine (Weg –)
   _____Beschreibung_____ muss falsch gewesen sein.
g) Ich habe leider eine schlechte _____
   für Sie. Ihr Mann hatte einen schweren Unfall.
h) □ Vor 7 Uhr servieren wir hier im Hotel kein Frühstück.
   Aber um die Ecke ist ein Café, das hat schon um
   6 Uhr auf.
   ○ Vielen Dank für die _____.

2001—4000

5. Was passt nicht?

a) beantworten: ein Wort, einen Brief, eine Frage, einen Anruf

b) beraten: einen Kunden, einen Tipp, einen Patienten, die Schüler bei der Berufswahl

c) sich erkundigen: nach einem Bekannten, nach den Abfahrtszeiten der Busse, nach Inge, nach Hause

d) verraten: ein Geheimnis, die Rechtschreibung, ein Versteck, eine geheime Information

e) unterrichten: den Chef über eine Änderung im Terminplan, den Kollegen über eine Unterredung, den Geschäftspartner über den Verkaufserfolg, die Wohnung über der Bäckerei

3.5 Meinungsäußerung   1—2000

6. Ergänzen Sie die Nomen ‚Meinung', ‚Ansicht' und ‚Standpunkt'.

Diese drei Wörter haben eine sehr ähnliche Bedeutung. Man verwendet sie aber zum Teil in unterschiedlichen grammatischen Konstruktionen. In den folgenden Sätzen passen ein, zwei oder drei Wörter.

a) Ich bin de_____ _____ , dass es bald regnen wird.

b) Ich glaube nicht, dass er sein_____ _____ ändern wird.

c) Ich stehe auf de_____ _____, dass Kaffee ungesund ist.

d) Jochen ist schon wieder zu spät gekommen. Da habe ich ihm mal deutlich d_____ _____ gesagt.

e) Nach mein_____ _____ ist das eine gute Idee.

f) Sie sagt immer ganz offen ihr_____ _____.

g) Versuchen Sie doch einmal, die ganze Sache von mein_____ _____ aus zu sehen!

107. Welches Verb passt?

a) □ Wann haben Sie denn _____, dass Ihr Auto gestohlen wurde?
   ○ Das war gestern abend gegen 10 Uhr. *(meinen/feststellen/beurteilen)*

b) In diesem Restaurant habe ich immer sehr gut gegessen; ich kann es dir wirklich _____. *(empfehlen/begründen/meinen)*

c) □ In unserer Firma sollen zwei Mitarbeiter entlassen werden.
   ○ Und wie hat man diese Entscheidung _____ ? *(empfehlen/entscheiden/begründen)*

d) □ Ich finde, dass unsere neuen Nachbarn sehr nett sind.
   ○ Das _____ ich auch. *(meinen/empfehlen/beurteilen)*

e) □ Ihr habt euch ja doch ein neues Auto gekauft.
   ○ Ich finde immer noch, dass der alte Wagen gut genug war; aber Jens hat mich _____. *(überzeugen/überreden/begründen)*

f) □ Wolltest du nicht einen Hund haben?
   ○ Eigentlich schon, aber mein Mann hat mich _____, dass wir zu wenig Zeit für ein Tier haben. *(entscheiden/überreden/überzeugen)*

2001–4000

8. In jedem Satz fehlt ein Adjektiv!

sachlich selbstverständlich ungewöhnlich unerwartet

a) Das Hochwasser kam für die Bewohner der Insel ganz
_____. Das Wetteramt hatte vorher
keine Warnung gegeben.

b) Natürlich helfen wir dir beim Umziehen in die neue
Wohnung. Das ist doch _____.

c) Normalerweise hat Sabine erst um 17 Uhr Feierabend.
Es ist _____, dass sie heute schon um
15 Uhr zu Hause ist.

d) Die Diskussionsteilnehmer haben sich gegenseitig ange-
schrien und persönlich beleidigt. Warum können diese
Leute nicht fair und _____ miteinander
reden, frage ich mich.

9. Welches Adverb passt?

a) Frank ist bald mit der Schule fertig und muss sich deshalb für einen Beruf entscheiden. Er überlegt sich, ob er
Koch werden soll. Einerseits ist das eine interessante
Tätigkeit, _____ sind die Arbeitszeiten
sehr ungünstig. *(ohnehin/gewissermaßen/andererseits)*

b) Ich habe heute keine Lust, ins Kino zu gehen. Den Film
habe ich _____ schon gesehen.
(sowieso/andererseits/sozusagen)

c) □ Wohnt der Student aus Indien immer noch bei euch
in Untermiete?
○ Natürlich. Wir mögen ihn sehr; er gehört
_____ zur Familie. *(ohnehin/
allerdings/gewissermaßen)*

d) □ Hast du Zeit, mit mir einen Kaffee zu trinken?
  ○ Zeit habe ich schon. Ich weiß _____
    nicht, ob hier ein Café in der Nähe ist. *(allerdings/
    ohnehin/sozusagen)*

e) □ Es ist schon nach Mitternacht. Wollen wir nicht nach
    Hause gehen?
  ○ Ich möchte gern noch ein bisschen bleiben. Die letzte
    Straßenbahn ist _____ schon weg.
    (einerseits/gewissermaßen/ohnehin)

**110. Abends in einem Studentenlokal. Klaus fühlt sich
durch den Zigarettenrauch gestört; er sagt, dass man
das Rauchen gesetzlich verbieten sollte. (Ergänzen
Sie die fehlenden Nomen. Einige Nomen passen öfter;
manchmal passen zwei oder drei an der gleichen
Stelle.)**

> Auffassung   Überzeugung   Argument   Urteil
> Stellungnahme   Einstellung

Marion: Klaus hat recht. Ich bin auch der
(a)_____, dass das Rauchen
eine scheußliche Gewohnheit ist.

Frank: Aber man kann es den Leuten doch nicht einfach
verbieten. Schließlich leben wir in einer freien Gesellschaft.

Marion: Das ist doch kein (b)_____.
Die Freiheit muss aufhören, wenn man sich oder
seinen Mitmenschen schadet.

Frank: Willst du dir wirklich ein
(c)_____ darüber erlauben, ob
die Leute rauchen dürfen oder nicht? Das meinst
du doch nicht ernst!

Klaus: Marions (d)_____ ist absolut
richtig. Jeder weiß, wie gefährlich das Rauchen
für die Gesundheit ist.

Frank: Zuviel Alkohol ist auch ungesund. Willst du das
Trinken dann auch verbieten? Mit eurer
(e)_____ könnte man prak-
tisch alles verbieten.

Marion: Vielleicht hast du recht. Ein Verbot ist wahrscheinlich keine gute Lösung. Was meinst du denn, Eva?
Du hast dazu noch gar keine
(f)_____ abgegeben.

Eva: Was soll ich dazu sagen? Ich bin doch selbst eine
starke Raucherin. Außerdem finde ich diese ganze
Diskussion unsinnig. Glaubt ihr wirklich, dass
man das Rauchen verbieten könnte? Ich bin der
festen (g)_____, dass wir dann
sofort einen Bürgerkrieg hätten.

Klaus: Natürlich kann man das Rauchen nicht sofort völlig verbieten, das ist klar. Aber man könnte ...

3.6 Zustimmung und Ablehnung | 1-2000

111. In jedem Satz fehlt ein Wort!

> einverstanden meinetwegen unbedingt
> dennoch gegen egal lieber

a) Es gibt kaum noch Hoffnung, dass man weitere Über-
lebende des Schiffsunglücks findet.
_____ suchen die Rettungsboote Tag
und Nacht weiter.

b) Nur 23% der Angestellten sind mit dem Ergebnis der
Lohnverhandlungen unzufrieden. Die große Mehrheit ist
damit _____ .

c) Nur 13% sind _____ das Ergebnis der
Verhandlungen, 87% sind dafür.

d) □ Kann ich morgen euer Auto haben?
 ○ _____ ja, aber deine Mutter ist
  bestimmt dagegen.

e) Ich muss _____ sofort mit Herrn Noris
sprechen. Es ist sehr wichtig.

f) Die Farbe des Autos ist mir _____ .
Wichtig ist nur, dass ich nicht so lange darauf warten
muss.

g) Was möchtest du trinken? Kaffe oder
_____ Tee?

2. Welches Verb passt wohin?

| beschweren | wählen | zugeben |
| widersprechen | ablehnen | |

a) – sich beim Chef über
    den Kollegen
– sich über den Lärm
– sich über die schlechte
    Bedienung
– sich über die kalte Suppe

_____

b) – einer Behauptung
– der Meinung des Lehrers
– einem ungerechten Vorwurf
– der Kritik an einem
    Kollegen

_____

c) – eine Einladung zum Essen
– das Angebot des Autohändlers
– einen Vorschlag
– die Verantwortung für
    einen Schaden

_____

d) – am Telefon eine falsche
    Nummer
– das teuerste Gericht auf
    der Speisekarte
– zwischen vier verschiedenen
    Möglichkeiten
– den besseren Politiker

_____

e) – einen Fehler
– einen Irrtum
– einen Diebstahl
– ein Versehen

_____

2001−4000

113. Welches Nomen passt am besten?

> Zustimmung   Beschwerde   Bedenken
> Ablehnung   Wahl

a) verschiedene Möglichkeiten haben, sich entscheiden:
_____

b) Ja sagen, einverstanden sein, dafür sein:
_____

c) Argumente dagegen haben, zweifeln, nicht sicher sein:
_____

d) dagegen sein, nicht einverstanden sein:
_____

e) etwas kritisieren, schimpfen, ärgerlich sein:
_____

114. Ordnen Sie die Nomen.

Klage	a) Einigung	b) Ablehnung
Protest		
Übereinstimmung		
Kompromiss		
Übereinkunft		
Vorwurf		

115. Welches Verb passt?

a) Ich habe ganz klare Beweise; das Gericht muss meine Klage _____. *(anerkennen/bestreiten/bedenken)*

b) Bitte _____ Sie meinen Vorschlag noch einmal! *(erwidern/bedenken/bestreiten)*

c) ☐ Mein Chef hat mich gefragt, ob ich für ein Jahr im
   Ausland arbeiten will.
   ○ Und was hast du _____? *(bedenken/
   widersprechen/erwidern)*

d) Die Verhandlungspartner stehen kurz vor einer Eini-
   gung. In den wesentlichen Punkten _____
   sie jetzt _____. *(zugeben/übereinstim-
   men/feststellen)*

3.7 Gewissheit und Zweifel | 1–2000

6. Ordnen Sie die Adverbien.

anscheinend	möglicherweise	vermutlich
wohl	gewiss	bestimmt
eventuell	voraussichtlich	tatsächlich

a) sicher	b) wahrscheinlich/vielleicht

7. In jedem Satz fehlt ein Nomen!

| Frage | Zweifel | Irrtum | Annahme |
| Eindruck | | Möglichkeit | Sicherheit |

a) Ich habe den _____, dass es bald regnen
   wird.
b) Für die _____, dass es bald einen Kompromiss geben wird, gibt es keine Beweise.
c) Da stellt sich für mich die _____, ob diese
   Entscheidung wirklich richtig war.

d) Ich bin sehr im _____, ob er wirklich die Wahrheit sagt.

e) Es besteht die _____, dass wir heute noch zu einem Ergebnis kommen.

f) Ich glaube nicht, dass die Kollegin Geld gestohlen hat. Das muss ein _____ sein!

g) Vielleicht habe ich nächste Woche einen freien Tag, aber ich kann es noch nicht mit _____ sagen.

118. Wie passen die Dialogteile am besten zusammen?

a) Weißt du das sicher?

b) Ist das Radio kaputt?

c) Klaus behauptet, dass unsere Firma bald schließen muss.

d) Maria findet die neue Kollegin unsympathisch. Kannst du das bestätigen?

e) Hast du auch gehört, dass Eva und Gerd bald heiraten?

f) Hoffentlich besteht Elke die Abschlussprüfung.

g) Will Carla die Stelle nicht annehmen, oder warum zögert sie so lange?

A) Sicher, das klappt bestimmt!

B) Hoffentlich irrt er sich.

C) Vielleicht glaubt sie, dass sie noch etwas Besseres findet.

D) Nein, aber ich glaube es. vermute es. nehme es an.

E) Ich bin nicht sicher, aber es scheint so.

F) Ja, ich mag sie auch nicht.

G) Ja. Die beiden leugnen es zwar noch, aber es wird wohl stimmen.

a	b	c	d	e	f	g

2001−4000

9. Welches Verb passt?

a) Die Antwort auf eine Prüfungsfrage habe ich nicht
   gewusst, aber ich habe sie richtig _____.
   (deuten/klären/erraten)

b) Sie behaupten, dass dieser Mann ein Dieb ist. Können
   Sie das auch _____? *(beweisen/bezweifeln/
   klären)*

c) Für die Busreise nach Italien sind nur noch wenige
   Plätze frei. Wenn Sie mitkommen wollen, müssen Sie
   sich schnell _____. *(irren/entschließen/zö-
   gern)*

d) Die Operation ist eigentlich nicht gefährlich, aber man
   kann natürlich nicht ganz _____, dass doch
   etwas passiert. *(bezweifeln/leugnen/ausschließen)*

e) Unsere Nachbarn haben angeblich im Lotto eine Million
   gewonnen, aber ich _____, dass das stimmt.
   (beweisen/bezweifeln/leugnen)

f) □ _____ mal, wer heute Abend zu Besuch
   kommt. *(klären/raten/glauben)*
   ○ Inge? Gerd? Maria? Deine Eltern? Ich weiß sonst niemanden; sag es mir doch bitte!

g) Bevor wir zu einer Entscheidung kommen, müssen noch
   einige wichtige Fragen _____ werden.
   (klären/ausschließen/vermuten)

120. Wie passen die Dialoge am besten zusammen?

a) Ich kann Gerd nicht finden. Hast du eine Ahnung, wo er ist?	A) Nein, das ist offenbar noch ein Geheimnis.
b) Ist es nicht ein Wunder, dass er den Unfall überlebt hat?	B) Er hatte zweifellos ein unglaubliches Glück.
c) Weißt du schon, wer unser neuer Chef wird?	C) Nein, in Wirklichkeit ist sein Name Wolfgang.
d) Heißt dein Freund tatsächlich ‚Teddy'?	D) Es ist denkbar, dass er schon nach Hause gegangen ist.

a	b	c	d

3.8 Positive Wertung und Neutralität
1–2000

121. Wie heißt das Gegenteil?

a) einfach — A) langweilig
b) gut — B) negativ
c) günstig — C) traurig
d) lustig — D) ungewöhnlich
e) normal — E) überflüssig
f) notwendig — F) ungünstig
g) nützlich — G) schwierig, schwer
h) nötig — H) unsympathisch
i) positiv — I) schlecht
j) richtig — J) unnötig
k) spannend — K) falsch
l) sympathisch — L) nutzlos

a	b	c	d	e	f	g	h	i	j	k	l

2. Was passt nicht?

a) sympathisch: die Kollegin, Peters Mutter, der Tisch, deine Frau

b) echt: der Geldschein, der Gedanke, seine Liebe, das Gemälde von Picasso

c) nützlich: der Himmel, dieses Werkzeug, ihr Rat, die neue Maschine

d) spannend: der Film, das Fußballspiel, das Buch, der Pullover

e) lustig: das Kind, die Temperatur, die Feier, der Witz

f) herrlich: das Wetter, der Urlaub, das Problem, die Aussicht

3. Welches Nomen passt zu welchem Satz?

Vorteil	Widerspruch	Wahrheit	Lob

a) Seien Sie ehrlich und geben Sie zu, dass Sie die Tasche gestohlen haben. _____

b) ‚Ich bin mit Ihrer Arbeit sehr zufrieden', sagte die Chefin. _____

c) Es ist viel billiger, die größere Packung zu nehmen. _____

d) Das verstehe ich nicht. Gestern hast du genau das Gegenteil behauptet. _____

4. In jedem Satz fehlt ein Verb!

wundern	vorziehen	verdienen	mögen
lohnen	loben	halten	bewundern	gefallen

a) Seine Bilder sind sehr schön. Ich _____ ihn für einen guten Maler.

b) Gerade habe ich gemerkt, dass das Telefon kaputt ist. Ich hatte mich schon _____, dass niemand anrief.

c) Die Ausstellung war sehr interessant; der Besuch hat
sich wirklich _____ .

d) □ Wie hat dir das Buch _____?
○ Recht gut.

e) Im Urlaub sind wir ganz früh aufgestanden, um den
Sonnenaufgang über dem Meer zu _____ .

f) Manchmal trinke ich Bier zum Essen, aber meistens
_____ ich Wein _____ .

g) □ Findest du Frank sympathisch?
○ Nein, ich _____ ihn nicht.

h) Ich habe heute mit Evas Lehrerin gesprochen. Sie hat
unsere Tochter sehr _____ .

i) Alle Kollegen reden schlecht über ihn. Ich finde, das hat
er nicht _____ .

$$2001-4000$$

**125. Was man über ein Auto sagen kann. Ordnen Sie die
Aussagen.**

	A) positive Wertung	B) negative Wertung
a) ideal für eine große Familie		
b) außergewöhnlich hoher Benzinverbrauch		
c) erstklassige Reifen		

	A) positive Wertung	B) negative Wertung
d) nicht geeignet für großes Gepäck		
e) ausgezeichnete Motorleistung		
f) perfekte Technik		
g) unpraktischer Kofferraum		
h) wunderbare Sitze		
i) komische Farbe		
j) hervorragender Motor		
k) unbefriedigende Fahrleistung		
l) erstaunlich schnell		
m) sinnvolle Extras		

6. Wie passen die Dialogteile zusammen?

a)	Ist die Hitze nicht prima?	A)	Um 18 Uhr, wie gewohnt.
b)	Alle sind von dem neuen Theaterstück begeistert.	B)	Als Vater kannst du das nicht objektiv beurteilen.
c)	Ich finde, sie eignet sich nicht für diesen Beruf.	C)	Ich bevorzuge kühleres Wetter.
d)	Manfred macht seine Arbeit immer sehr korrekt.	D)	Das stimmt, aber er könnte ruhig etwas schneller sein.
e)	Wann kommst du heute nach Hause?	E)	Ich finde es auch ausgezeichnet.

a	b	c	d	e

3.9 Negative Wertung | 1—2000

127. In jedem Satz fehlt ein Nomen!

> Kritik Mangel Unsinn Probleme (Pl.) Nachteile (Pl.)

a) Im Unglücksgebiet herrscht großer _____ an Ärzten und Medikamenten.

b) Elke hat zehn Katzen in ihrer Wohnung? Wer hat dir denn diesen _____ erzählt?

c) Wegen des schlechten Wahlergebnisses gab es sehr viel _____ an der Parteiführung.

d) Die neuen Gesetze sind nur für wenige Bürger günstig; für die Mehrheit der Bevölkerung bringen sie eher

_____ .

e) Es tut mir leid, dass ich zu spät komme. Ich hatte _____, einen Parkplatz zu finden.

128. Ergänzen Sie das passende Adjektiv.

> merkwürdig   kritisch (1)   kritisch (2)
>   kompliziert   schlimm   vergeblich
> unmöglich   schlecht (1)   schlecht (2)

a) _____ : 〈*schwierig*〉, ein ~es Problem, eine ~e Arbeit, eine ~e Maschine

b) _____ : 〈*streng beurteilend, prüfend*〉, eine ~e Frage, ein ~er Bericht, ein ~er Zeitungsartikel

c) _____ : 〈*gefährlich, bedenklich, schwierig*〉, ein ~er Gesundheitszustand, ein ~e politische Situation, eine ~e Ver-kehrssituation

d) _____ : 〈*böse, moralisch nicht gut*〉, ein ~er Mensch, einen ~en Charakter haben, ~ von ihm reden

e) _____ : ⟨*komisch, nicht normal*⟩, einen ～en Hut tragen, ein ～er Mensch sein, ein ～es Verhalten haben

f) _____ : ⟨*in Qualität und Art nicht gut*⟩, die Milch ist ～, ～e Arbeit leisten, ein Kleid aus ～em Material

g) _____ : ⟨*sehr schlecht, schrecklich*⟩, ein ～er Unfall, eine ～e Nachricht, in einer ～en Situation sein

h) _____ : ⟨*nicht machbar, nicht denkbar*⟩, es ist technisch ～, das kann ich ～schaffen, es ist mir ～ zu kommen

i) _____ : ⟨*ohne Erfolg*⟩, die Schlüssel ～ suchen, ihn ～ warnen, eine ～e Mühe

2001−4000

9. Was passt nicht?

a) furchtbar: Krankheit, Sturm, Unglück, Angst, Wetter, Atem

b) schrecklich: Mensch, Krankheit, Erlaubnis, Situation, Film

c) gering: Gewicht, Menge, Verdienst, Haus, Anzahl, Mühe

d) unnütz: Wahrheit, Arbeit, Gespräch, Bemühung, Zeug

e) peinlich: Irrtum, Verhalten, Blume, Frage, Situation, Foto

f) langweilig: Film, Buch, Geld, Gespräch, Mensch, Urlaub

g) seltsam: Farbe, Vernunft, Frage, Geschmack, Blume, Geschichte

3.10 Wunsch, Bitte, Auftrag | 1–2000

130. Welches Verb passt?

> bitten   wünschen   weigern
> erlauben   verlangen   auffordern

a) _____ : die Gäste ~, zum Essen zu kommen; eine Frau zum Tanzen ~; zur Bezahlung einer Rechnung ~

b) _____ : einen hohen Preis ~; eine Erklärung ~; eine Entschuldigung ~; die sofortige Bezahlung der Rechnung ~

c) _____ : sich zum Geburtstag ein Radio ~; den Eltern ein langes Leben ~; sich besseres Wetter ~

d) _____ : sich ~, die Arbeit alleine zu machen; sich ~, die kalte Suppe zu essen; sich ~, ein Geheimnis zu verraten

e) _____ : dir ~, mit meinem Wagen zu fahren; dem Kind ~, einen Fernsehfilm zu sehen; der Tochter ~, alleine Urlaub zu machen

f) _____ : um etwas Geduld ~; um Ruhe ~; den Freund um Hilfe ~; darum ~, dass die Fenster geschlossen werden

1. „Dürfen', ,müssen' oder ,wollen' – was passt?

a) ☐ Haben dir deine   ○ Nein, ich | ☐ darf | nicht.
Eltern erlaubt, | ☐ muss |
mit mir ins Kino | ☐ will |
zu gehen?

b) ☐ Sind Heike und   ○ Nein, ich glaube, sie
Ralf schon im | ☐ dürfen | am
Urlaub? | ☐ müssen | Sonntag
                                       | ☒ wollen | fahren.

c) ☐ Möchten Sie eine   ○ Wir | ☐ dürfen | hier nicht
Zigarette? | ☐ müssen | rauchen.
                                | ☐ wollen |
Es ist verboten.

d) ☐ Haben Sie mor-   ○ Nein, ich | ☐ darf | leider
gen Zeit? | ☐ muss | arbeiten.
                                     | ☐ will |

e) ☐ Um 14.26 Uhr   ○ 14.10 Uhr. Du | ☐ darfst | gehen!
fährt mein Zug. | ☐ musst |
Wie spät ist es | ☐ willst |
jetzt?

f) ☐ Geben Sie mir   ○ Welche Sorte | ☐ dürfen | Sie ?
bitte drei Pfund | ☐ müssen |
Äpfel. | ☐ wollen |

132. Zu jedem Satz passt ein Nomen!

> Bitte   Erlaubnis   Verbot   Wunsch
>   Vorschlag   Forderung

a) Die Gewerkschaften verlangen 6% mehr Lohn. _____

b) Im Museum darf man nicht fotografieren! _____

c) Wir könnten am Sonntag mal deine Schwester besuchen, was meinst du? _____

d) Sei so lieb und mach das Fenster zu; mir ist kalt. _____

e) Meine Frau möchte gerne einen Hund haben. _____

f) Ich habe nichts dagegen, dass deine Freunde bei uns übernachten. _____

$$2001-4000$$

133. Was passt zusammen?

a) anordnen: A) erlauben, einverstanden sein

b) verbieten: B) jemandem einen Auftrag geben

c) gehorchen: C) sagen, was getan werden soll; befehlen

d) gestatten: D) Nein sagen; nicht erlauben

e) beauftragen: E) eine Bitte ∼; einen Wunsch ∼

f) bestimmen: F) tun, was jemand möchte, befiehlt, anordnet; den Eltern ∼

g) drängen: G) anordnen, befehlen; wer hat hier zu ∼?

h) erfüllen: H) ungeduldig sein; wollen, dass etwas sofort oder sehr bald geschieht

a	b	c	d	e	f	g	h

3.11 Höflichkeitsformeln, Ausrufe, Floskeln

1—4000

. Welcher Gruß (welche Formel) passt zu diesen Situationen?

A) Herzlichen Dank! (Vielen Dank!)
B) Vorsicht! (Achtung!)
C) Auf Wiedersehen.
D) Herzlich willkommen!
E) Herzlichen Glückwunsch!
F) Guten Tag.
G) Guten Abend.
H) Guten Morgen.
I) Verzeihung! (Entschuldigung!)
J) Ich wünsche Ihnen (dir) eine gute Reise!
K) Ich wünsche Ihnen (dir) viel Erfolg!
L) Ich gratuliere Ihnen (dir).

Was sagen Sie, . . .

a) wenn Sie ein Geschäft verlassen: _____

b) wenn ein Freund Geburtstag hat: _____

c) wenn Sie einen Bekannten um 9 Uhr treffen: _____

d) wenn Sie einen Bekannten um 15 Uhr treffen: _____

e) wenn Sie einen Bekannten um 19 Uhr treffen: _____

f) wenn ein Kollege seine Führerscheinprüfung bestanden hat: _____

g) wenn ein Freund morgen seine Führerscheinprüfung macht: _____

h) wenn Sie einen Besucher am Flughafen abholen: _____

i) wenn Ihnen jemand geholfen hat: _____

j) wenn ein Bekannter morgen in Urlaub fährt: _____

k) wenn Sie jemanden auf der Straße versehentlich angestoßen haben: _____

l) wenn Sie jemanden vor einer Gefahr warnen wollen:

_____

a	b	c	d	e	f	g	h	i	j	k	l

4   Mensch und Gesellschaft
4.1 Identifizierung

$1-2000$

135. Ergänzen Sie die Nomen.

| Mensch | Kind | Mann | Frau |
| Erwachsener/Erwachsene | | Jugendlicher/Jugendliche | |

a) weiblich: _____   b) männlich: _____

c) 16 Jahre alt: _____

d) 30 Jahre alt: _____

e) 5 Jahre alt: _____

f) männlich oder weiblich: _____

136. Ordnen Sie die Nomen zu.

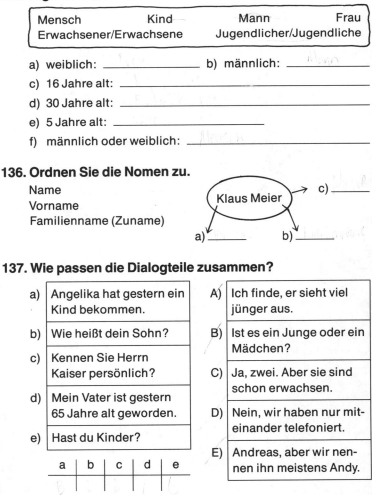

Name
Vorname
Familienname (Zuname)

Klaus Meier

a) _____   b) _____   c) _____

137. Wie passen die Dialogteile zusammen?

a) | Angelika hat gestern ein Kind bekommen.

A) | Ich finde, er sieht viel jünger aus.

b) | Wie heißt dein Sohn?

B) | Ist es ein Junge oder ein Mädchen?

c) | Kennen Sie Herrn Kaiser persönlich?

C) | Ja, zwei. Aber sie sind schon erwachsen.

d) | Mein Vater ist gestern 65 Jahre alt geworden.

D) | Nein, wir haben nur miteinander telefoniert.

e) | Hast du Kinder?

E) | Andreas, aber wir nennen ihn meistens Andy.

a	b	c	d	e

2001−4000

8. Welches Nomen passt?

a) Darf ich vorstellen: Das ist _____ Meinel.
   (Mann/Junge/Herr)

b) Ich möchte Ihnen gerne _____ Apel vorstellen *(Dame/Frau*/Mädchen)*

c) Mein Sohn ist neun Monate alt. Er ist noch ein _____
   _____ . *(Jugendlicher/Kind/Baby)*

d) Kennen Sie die blonde _____ , die dort drü-
   ben steht? *(Dame/Erwachsene/Herr)*

e) Mein Auto ist nur für vier _____ zugelassen.
   (Mädchen/Personen/Menschen)

f) Herr Dr. Schulz möchte, dass man ihn mit seinem
   _____ anspricht. *(Zeichen/Geschlecht/Titel)*

g) Wir wünschen uns ein gesundes Baby. Das _____
   _____ ist uns egal. *(Geschlecht/Alter/Mädchen)*

* *Die Anrede ‚Frau‘ wird immer mehr auch für Fräulein,
d. h. für unverheiratete Frauen, verwendet.*

4.2 Familie und Verwandtschaft | 1-2000

9. In jedem Satz fehlt ein Nomen!

> Ehepaar Ehe Verwandter Kuss Paar Tante Onkel

a) Ralf und Brigitte haben geheiratet; sie sind jetzt ein
   _____ .

b) Hans gehört nicht zu unserer Familie; er ist ein Freund,
   aber kein _____ .

c) Kannst du dich noch erinnern, wann du den ersten
   _____ bekommen hast?

d) Mein _____ wohnt in Wien; er ist der Bruder
   meines Vaters.

e) Klaus und Maria sind nicht verheiratet, aber sie sind
schon lange ein _____.

f) Jens und Heike leben nicht mehr zusammen. Ihre
_____ war nicht glücklich.

g) Ich möchte dir meine _____ vorstellen. Sie
ist die älteste Schwester meiner Mutter.

140. Wer ist was?

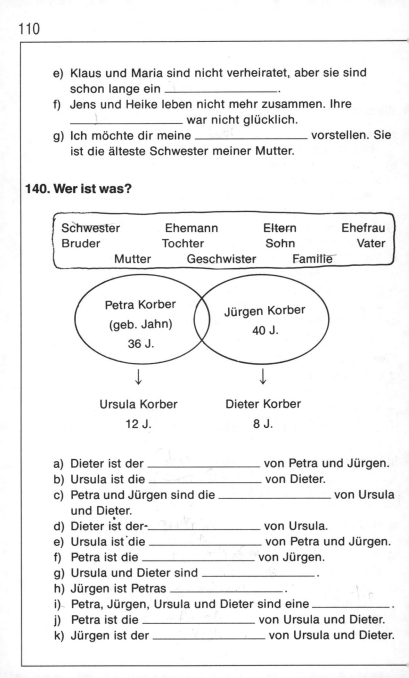

Schwester   Ehemann   Eltern   Ehefrau
Bruder   Tochter   Sohn   Vater
Mutter   Geschwister   Familie

Petra Korber
(geb. Jahn)
36 J.

Jürgen Korber
40 J.

↓   ↓

Ursula Korber   Dieter Korber
12 J.   8 J.

a) Dieter ist der _____ von Petra und Jürgen.

b) Ursula ist die _____ von Dieter.

c) Petra und Jürgen sind die _____ von Ursula
und Dieter.

d) Dieter ist der _____ von Ursula.

e) Ursula ist die _____ von Petra und Jürgen.

f) Petra ist die _____ von Jürgen.

g) Ursula und Dieter sind _____.

h) Jürgen ist Petras _____.

i) Petra, Jürgen, Ursula und Dieter sind eine _____.

j) Petra ist die _____ von Ursula und Dieter.

k) Jürgen ist der _____ von Ursula und Dieter.

$$2001-4000$$

1. Drei Nomen passen zusammen, eins passt nicht dazu!

a) Trauung – Erziehung – Hochzeit – Braut
b) Großvater – Enkel – Großmutter – Witwe
c) Bräutigam – Nichte – Neffe – Onkel
d) Schwiegereltern – Schwager – Tante – Schwägerin
e) Braut – Bräutigam – Hochzeit – Nichte

2. Was Jens und Heike passiert ist. (Finden Sie eine Reihenfolge.)

heiraten	sich scheiden lassen	ledig sein
sich verlieben	sich verloben	

a) ledig sein
b) _____
c) _____
d) _____
e) _____

3. Was passt zusammen?

a) der Sohn meiner Tante: A) Nichte
b) die Tochter meiner Tante: B) Schwägerin
c) der Bruder meiner Frau: C) Vetter (Cousin)
d) die Schwester meiner Frau: D) Schwager
e) die Eltern meiner Frau: E) Neffe
f) die Tochter meines Bruders: F) Kusine (Cousine)
g) der Sohn meiner Schwester: G) Schwiegereltern

a	b	c	d	e	f	g

4.3 Soziale Bindungen | 1–2000

144. Welches Nomen passt?

a) Horst und Peter kenne ich schon seit dem Kindergarten.
   Sie sind meine besten _____. *(Partner/
   Freunde/Bekannte)*

b) ☐ Mit wem hast du gerade gesprochen?
   ○ Ich kenne ihn nicht. Es war ein _____,
   der mich nach dem Weg gefragt hat. *(Bekannter/Ver-
   wandter/Fremder)*

c) Wir bekommen heute Abend Besuch. Es sind _____,
   die wir im Urlaub kennen gelernt haben. *(Fremde/Be-
   kannte/Partner)*

d) ☐ Magst du deine neue Kollegin?
   ○ Ja sehr, wir haben gleich am ersten Tag _____
   geschlossen. *(Gesellschaft/Freundschaft/Feindschaft)*

e) Ich habe keine Lust, mich mit Jens zu treffen. Ich fühle
   mich in seiner _____ nicht wohl! *(Gesell-
   schaft/Partnerschaft/Freundschaft)*

f) Ich habe in der Stadt überraschend einen alten Schul-
   freund getroffen. Wir sind in ein Café gegangen und
   haben _____ gefeiert. *(Freundschaft/Hoch-
   zeit/Wiedersehen)*

g) Ich weiß, dass du deinen Bruder nicht magst. Trotzdem
   ist es deine _____, ihm zu helfen, wenn er
   Probleme hat. *(Erziehung/Pflicht/Bitte)*

$$1000-4000$$

5. Was passt zusammen?

a) abhängen:
b) angehören:
c) Feind:
d) Kamerad:

A) ein guter, alter, schlechter ~; ein Schul- ~, ein Klassen- ~

B) vom Wetter, vom Zufall, von seiner Entscheidung, von der weiteren Entwicklung ~

C) ein gefährlicher, alter, starker ~; er ist mein Tod- ~

D) einem Verein, einem Klub, einer Kirche ~

a	
b	
c	
d	

4.4 Berufe

$$1-2000$$

6. Was sind die Leute von Beruf?

Bauer/Bäuerin   Beamter/Beamtin   Bäcker/Bäckerin
Hausfrau/Hausmann   Ingenieur/Ingenieurin
Politiker/Politikerin   Sekretär/Sekretärin
Techniker/Technikerin   Verkäufer/Verkäuferin

a) bedient und berät Leute in einem Geschäft: _____

_____

b) stellt Brot, Brötchen und Kuchen her: _____

c) arbeitet auf dem Lande und produziert Milch, Fleisch, Rohstoffe für Lebensmittel: _____

d) wäscht, kocht, kauft ein, macht sauber, bekommt keinen Arbeitslohn: _____

e) arbeitet in einem Büro, schreibt Briefe, erledigt Post:

_____

f) repariert und kontrolliert Maschinen (z. B. in einer Fabrik): _____

g) hat den Staat als Arbeitgeber, (arbeitet z. B. bei der Polizei, bei der Bundesbahn, in einer Stadtverwaltung):

_____

h) ist gewählt worden, ist Mitglied einer Partei, eines Parlaments oder einer Regierung: _____

i) konstruiert, erfindet Maschinen; plant den Bau von Gebäuden; kontrolliert den Ablauf einer Produktion:

_____

2001−4000

147. Zu jedem Bild passt eine Berufsbezeichnung!

Bauarbeiter(in)	Fleischer(in)/Metzger(in)
Friseur/Friseuse Journalist(in)	Schneider(in)
Vertreter(in) Wirt(in)	Unternehmer(in)

d)

e)

f)

g)

h)

148. Was passt zusammen?

a) Fachleute:

A) Person, die (noch) nicht selbstständig arbeitet, sondern ihrem Vorgesetzten hilft

b) Handwerker:

B) Name für Angehörige bestimmter Berufe, z. B. für Friseure, Metzger, Schneider ...

c) Assistent(in):

C) hat den Beruf studiert; plant Bauprojekte, Wohnungen, Häuser

d) Geschäftsmann/ Geschäftsfrau:

D) übersetzt Fremdsprachen

e) Architekt(in):

E) pflegt, repariert Maschinen oder Autos

f) Dolmetscher(in):

F) arbeitet wegen Alter oder Krankheit nicht mehr

g) Mechaniker(in):

G) Spezialisten; Personen mit speziellen Kenntnissen und guter Ausbildung

h) Manager(in):

H) Besitzer(in) einer kleinen Firma; Ladenbesitzer(in)

i) Rentner(in):

I) hohe, leitende Position in einem großen Betrieb

a	b	c	d	e	f	g	h	i

4.5 Soziale Position | 1–4000

9. In jedem Satz fehlt ein Nomen!

| Abstieg | Aufstieg | Autorität | Ehre |
| Elend | Rang | Status | Ansehen |

a) Frau Petzold hat vor fünf Jahren als Lehrling in der Firma angefangen, und jetzt ist sie schon Abteilungsleiterin. Wegen dieses schnellen beruflichen _____ wird sie von allen Kollegen bewundert.

b) Franz K. war früher sehr reich. Durch eine wirtschaftliche Krise hat er sein Geld und seinen Besitz verloren. Heute ist er ein kranker, alter Mann und lebt im _____.

c) Frau Dr. Clausen erforscht seit vielen Jahren die Ursachen von Blutkrankheiten. Viele Kollegen fragen sie um Rat, weil sie eine _____ in ihrem Fach ist.

d) Wir sind sehr stolz darauf, und es ist uns eine große _____, Sie in unserer Stadt als Gast begrüßen zu können.

e) Geld, Besitz und Bildung bestimmen in unserer Gesellschaft den sozialen _____ einer Person.

f) Der Präsident ist ein kluger und ehrlicher Mann. Er genießt ein hohes _____ in der Bevölkerung.

g) Früher war er Chef einer Konstruktionsabteilung. Er wurde entlassen und arbeitet jetzt als technischer Zeichner. Ich glaube, er leidet sehr unter seinem beruflichen _____.

h) ‚General' ist ein sehr hoher _____ in der Armee.

4.6 Positives und neutrales Sozialverhalten | 1—2000

150. Zu welchen Wörterbucherklärungen passen die Verben?

abmachen	entschuldigen	behandeln	erwarten
verhalten	bedanken	beruhigen	vertrauen

a) _____ : eine Person schlecht, gut, gerecht, ungerecht ~; das neue Auto vorsichtig ~; die Bücher sorgfältig ~

b) _____ : einem Menschen ~; auf das Glück ~; auf die Zukunft ~; den Worten des Arztes ~

c) _____ : Post von meiner Schwester ~; für heute Abend Besuch ~; für meine Hilfe keine Bezahlung ~

d) _____ : sich (nach einer Aufregung) wieder ~; ein weinendes Baby ~; die Eltern durch ein Versprechen ~

e) _____ : ⟨*vereinbaren*⟩ einen günstigen Preis ~; mit dem Kollegen einen Termin ~; die Sache mit dem Chef ~

f) _____ : **1.** ⟨*verzeihen*⟩ ~ Sie bitte, dass ich zu spät komme; **2.** ⟨*um Verzeihung bitten*⟩ ich möchte mich für mein Verhalten ~; sich bei der Nachbarin für den Lärm ~

g) _____ : sich für ein Geschenk, einen Brief, die Hilfe ~; ich möchte mich herzlich bei Ihnen ~

h) _____ : ⟨*sich benehmen*⟩ sich höflich, freundlich, leise, unpassend, mutig ~

1. Ergänzen Sie die Nomen.

> Rücksicht   Einfluss   Verzeihung/Entschuldigung
> Vertrauen   Verhalten   Hilfe

a) Er ist ein ehrlicher Mensch; du kannst wirklich
_____ zu ihm haben.

b) In unserer Straße fahren die meisten Autofahrer zu
schnell. Sie nehmen keine _____ auf
die spielenden Kinder.

c) Wenn du nächste Woche zwei Tage frei haben möchtest, dann frage am besten Frau Vogt, die Assistentin
vom Chef. Sie hat großen _____ auf
ihn; meistens macht er, was sie vorschlägt.

d) Die Opfer des Erdbebens brauchen dringend finanzielle
_____, um ihre Häuser wieder auf-
bauen zu können.

e) Was ist denn mit Jochen los? Sein _____
ist in letzter Zeit sehr merkwürdig, findest du nicht?

f) Erika ist beleidigt, weil du ihren Geburtstag vergessen
hast. Du solltest sie anrufen und um _____
bitten.

$$2001-4000$$

2. In jedem Satz fehlt ein Nomen!

> Scherz   Gelächter   Brauch   Respekt

a) Es ist ein alter _____, an Ostern bunte Eier
zu verschenken.

b) Ich glaube, unsere Nachbarn feiern eine Party. Hörst du
nicht die Musik und das laute _____?

c) Unser Sohn hat einen sehr jungen Lehrer. Er gibt sich
   große Mühe, und die Kinder haben viel
   _____ vor ihm.

d) □ Klaus hat mir erzählt, dass seine neue Freundin ganz
   dick und hässlich ist.
   ○ Das glaube ich nicht. Er hat bestimmt nur einen
   _____ gemacht.

153. Was passt nicht?

a) begleiten: den Freund nach Hause, den Fremden
   zum Bahnhof, den Weg zum Flugha-
   fen, das Kind zur Schule

b) beschützen: den Freund vor einer Gefahr, das Kind
   vor dem Hund, den Dieb vor der Poli-
   zei, die Milch vor der Katze

c) vertragen: sich mit einem Buch, sich mit den
   Kollegen, sich gut mit den Schwiegereltern, sich nicht mit den Nachbarn

d) ertragen: die schlechte Laune des Chefs, die
   Vorwürfe der Kollegen, den schweren
   Koffer, die Hitze nicht mehr

e) verzeihen: eine Lüge, eine Beleidigung, einen
   Fehler, einen Brauch

f) respektieren/ die Autorität des Vorgesetzten, die
   achten: Entscheidung des Freundes, die Fenster des Hauses, die Gewohnheiten
   der Freundin

g) führen: die alte Frau über die Straße, das Bild
   an die Wand, den Fremden zur näch-
   sten Bushaltestelle, das Kind an der
   Hand

4.7 Negatives Sozialverhalten | 1–2000

§4. In jedem Satz fehlt ein Verb!

> erschrecken   drohen   enttäuschen
>
> lügen   streiten   ärgern

a) Ich muss Sie leider _____, aber Ihr Auto
   lässt sich nicht mehr reparieren. Der Motor ist völlig
   kaputt, und außerdem ist der Wagen ja auch schon
   14 Jahre alt.

b) Der Chef hat _____, uns zu kündigen, wenn
   wir am nächsten Samstag nicht arbeiten.

c) Bitte sag die Wahrheit, _____ hat doch keinen Zweck.

d) Meine Kollegin kann mich nicht leiden. Sie macht den
   ganzen Tag unfreundliche Bemerkungen, um mich zu

   _____ .

e) Nach dem Essen _____ wir uns immer darüber, wer das Geschirr spülen muss.

f) Gestern hat es in unserer Küche gebrannt. Ich habe
   mich so _____, dass ich laut um Hilfe
   geschrien habe.

2001–4000

155. Wie passen die Dialogteile zusammen?

a) Willst du Jochen nicht zu deiner Party einladen?

b) Warum hat Eva ihre Stelle gekündigt?

c) Glaubst du, dass Frauen schlechter Auto fahren als Männer?

d) Ich habe Erika gesagt, dass sie zu dicke Beine hat, um kurze Röcke zu tragen.

e) Marion interessiert sich nicht für dich? Dann musst du ihr einen Strauß rote Rosen schenken.

f) Warum hat Peter seine Frau verlassen?

A) Er hat sich in eine Kollegin verliebt.

B) Unsinn, das ist doch ein dummes Vorurteil!

C) Sie hatte eine Auseinandersetzung mit ihrem Chef.

D) Ich glaube nicht, dass dieser Trick funktioniert.

E) Nein, wenn er Alkohol getrunken hat, wird er immer aggressiv und fängt einen Streit an.

F) Bist du verrückt? Das ist doch eine Beleidigung!

4.8 Kontakte und Veranstaltungen | 1–2000

6. Was passt nicht?

a) unterhalten: sich über Politik, sich mit einem Freund, sich den ganzen Abend sehr gut, sich mit der Zahnbürste

b) einladen: die Freundin zum Geburtstag, den Koffer zum Bahnhof, den Kollegen zu einem Glas Bier, die Nachbarn zum Abendessen

c) abholen: den Onkel vom Bahnhof, ein Paket von der Post, das Glas aus dem Schrank, die Kinder von der Schule

d) feiern: einen Streit, eine Hochzeit, einen Geburtstag, ein Fest

e) besuchen: einen Freund im Krankenhaus, ein Theaterstück, ein Stück Fleisch, ein Fußballspiel

f) treffen: einen Bekannten auf der Straße, sich mit Julia im Park, sich jeden Donnerstag zum Kartenspiel, sich beim Schlafen

g) kennen: viele Leute, ein gutes Restaurant, einen Teller Suppe, meine Freundin gut

7. Welches Nomen passt? (Meistens passen zwei.)

a) Wir bekommen heute Abend _____.
   (Leute/Besuch/Gäste)

b) Herr Seitz ist unser _____. Er wohnt im Haus gegenüber. *(Nachbar/Mitglied/Fremder)*

c) Bist du _____ in einer Partei?
   (Besuch/Nachbar/Mitglied)

d) Das wird ein großes Fest. Es sind über hundert _____ eingeladen. *(Gäste/Besuch/Leute)*

e) □ Spielt Klaus noch Fußball?
   ○ Ja, aber sein _____ ist im Moment
   nicht sehr erfolgreich. *(Fußballplatz/Fußballverein/
   Fußballklub)*

f) Ich will heute Abend mal zu Hause bleiben. Drei
   _____ in einer Woche sind genug.
   (Feste/Parties/Besucher)

$$2001-4000$$

158. Wozu passen die Verben?

kennen lernen	verabschieden	empfangen
veranstalten	vorstellen	vorbeikommen

a) den Eltern die neue Freundin
   dem Freund alle Familienmitglieder
   sich beim Personalchef   _____

b) sich mit Tränen in den Augen
   sich vor dem Urlaub von den
   Kollegen
   sich von der Freundin mit einem
   Kuss   _____

c) im Urlaub zufällig ein nettes
   Mädchen
   im Hausflur die neuen Nachbarn
   den Freund jeden Tag besser   _____

d) die Eltern nach der Reise am
   Bahnhof
   den Geschäftsfreund bei seiner
   Ankunft am Flughafen
   die Gäste mit einem Glas Sekt   _____

e) eine Ausstellung
   ein Konzert   } _____
   ein Fest

f) in fünf Minuten bei dir
   kurz in deinem Büro   } _____
   abends auf einen kurzen Besuch

9. In jedem Satz fehlt ein Nomen!

Versammlung	Treffen	Kontakt
Verabredung	Gastgeber	Veranstaltung

a) Ich weiß nicht, wie es Klaus geht; wir haben schon
   lange keinen _____ mehr.
b) Jörg hat sich mit seiner Party viel Mühe gegeben. Er ist
   wirklich ein guter _____ .
c) Um 5 Uhr habe ich mit Brigitte eine _____ .
d) Nächste Woche sehe ich nach zehn Jahren meine Klas-
   senkameraden wieder. Das _____
   findet in unserer alten Schule statt.
e) Heute Abend spielt auf dem Rathausplatz eine Musik-
   gruppe. Es kommen sicher viele Leute zu dieser

   _____ .

f) Wir wählen übermorgen einen neuen Betriebsrat. Deshalb findet morgen eine _____ aller
   Betriebsangehörigen statt.

4.9 Schicksal und Zufall | 1–2000

160. Wie passen die Dialogteile zusammen?

a) Ich habe gehört, dass Klaus einen Unfall hatte. Ist ihm etwas passiert?

b) Wie viele Todesopfer gab es bei dem Busunglück?

c) Warum kommst du so spät nach Hause?

d) Spielst du in der Lotterie?

e) Ich habe ein Auto gewonnen!

f) Meine Nachbarin ist sehr in Not. Sie hat drei kleine Kinder, und letzte Woche hatte ihr Mann einen tödlichen Arbeitsunfall.

A) Das ist ja eine schlimme Situation!

B) Ich habe in der Stadt zufällig eine alte Freundin getroffen.

C) Nein, er hatte Glück; sein Auto ist allerdings ganz kaputt.

D) Nein, die Chancen zu gewinnen sind zu gering, finde ich.

E) Dieses Ereignis muss gefeiert werden!

F) Eine Frau ist im Krankenhaus gestorben; die anderen Verletzten können wahrscheinlich gerettet werden.

a	b	c	d	e	f

1. Ordnen Sie die Nomen. Eins passt zweimal.

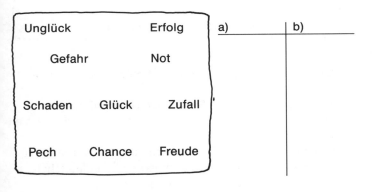

a) _____ b) _____

Unglück	Erfolg
Gefahr	Not
Schaden	Glück	Zufall
Pech	Chance	Freude

$$2001-4000$$

2. Eine Ergänzung passt nicht.

a) Es hat sich | ☐ ein Opfer | ereignet.
            ☐ ein Unglück
            ☐ ein Unfall

b) ☐ Der Rettungsversuch | ist gescheitert.
  ☐ Der Brand
  ☐ Das Vorhaben

c) ☐ einen Unfall | riskieren
  ☐ einen Misserfolg
  ☐ einen Gewinner

d) ☐ vor Müdigkeit | zusammenbrechen
  ☐ glücklicherweise
  ☐ tödlich verletzt

e ☐ einen Ausweg | finden
  ☐ ein Risiko
  ☐ eine Gelegenheit

163. In jedem Satz fehlt ein Nomen!

Notfall	Rettung	Ausweg	Lage
	Misserfolg	Gewinner	

a) Das ist wirklich ein schwieriges Problem. Da weiß ich auch keinen _____ .

b) Der erste Preis ist eine Reise nach New York für zwei Personen. Der _____ kann den Reisetermin selbst bestimmen.

c) Ich habe die Chance, in Hamburg eine bessere Stelle zu bekommen, aber meine Frau möchte hier in München bleiben. Das bringt mich in eine schwierige

_____ .

d) Das neue Produkt verkauft sich sehr schlecht. Dieser _____ bringt die Firma in finanzielle Schwierigkeiten.

e) Unser Kinderarzt ist immer gleich da, wenn man ihn braucht. Im _____ können wir ihn sogar nachts anrufen.

f) Die Feuerwehr konnte nur noch zwei Menschen aus dem brennenden Haus holen. Für die anderen Bewohner gab es keine _____ mehr.

5 Alltagswelt

5.1 Haus und Wohnung   1−2000

164. Ergänzen Sie die Wortreihen.

Wohnung	Stecker	Wand	Garten
Heizung	Fenster	Bad	Dachboden

a) Ausgang – Eingang – Tür –_____
b) Keller – Erdgeschoss – Stockwerk –_____
c) Fußboden – Decke – Mauer –_____
d) Dusche – Toilette – WC –_____
e) Steckdose – Strom – Schalter –_____
f) Gas – Kohle – Öl –_____
g) Rasen – Blumen – Gemüse –_____
h) Raum – Zimmer – Haus –_____

165. Was passt nicht?

a) Bad: modern, schwer, klein, groß
b) Fenster: groß, breit, hoch, gemütlich
c) Fußboden: kurz, kalt, glatt, hart
d) Heizung: modern, neu, sympathisch, praktisch
e) Keller: kalt, feucht, dunkel, schnell
f) Zimmer: leicht, hell, freundlich, gemütlich
g) Treppe: steil, schmal, weich, hoch
h) Garten: schön, langsam, gepflegt, groß
i) Mauer: hoch, niedrig, dick, fett

166. Welches Verb passt?

abschließen	klingeln	mieten	wohnen

a) im Erdgeschoss
   im zweiten Stock   } _____
   in einer großen Wohnung

b) die Zimmertür
   den Schrank
   den Eingang   } _____

c) eine Wohnung
   ein Zimmer
   ein Haus   } _____

d) an der Haustür
   am Eingang
   zweimal   } _____

2001 – 4000

7. Ergänzen Sie die Nomen.

Schlafzimmer   Decke   Wohnzimmer   Neubau
Hof   Halle   Aufzug/Lift   Saal   Vermieter   Fassade   Tor

a) alt – Altbau: neu – _____

b) gehen – Treppe: fahren – _____

c) essen – Esszimmer: wohnen – _____

d) baden – Bad: schlafen – _____

e) unten – Fußboden: oben – _____

f) wohnen – Zimmer: tanzen/feiern – _____

g) Mensch – Gesicht: Haus – _____

h) vor dem Haus – Straße:
   hinter dem Haus – _____

i) klein – Tür: groß – _____

j) mieten – Mieter: vermieten – _____

k) Haus – Wohnung: Fabrik – _____

168. Wie passen die Dialogteile zusammen?

a) Wollt ihr ein Haus kaufen?

b) Wann ist euer Haus fertig?

c) Wie heizt ihr euer Haus?

d) Ist das Haus nicht zu groß für euch?

e) Ist das deine Wohnung?

f) Machst du den Haushalt alleine?

g) Habt ihr einen Garten?

A) Nein, ich bin nur Untermieter. Hier ist mein Zimmer.

B) Nein, wir wollen selbst eins bauen.

C) Nein, wir wohnen im dritten Stock. Aber wir haben einen schönen großen Balkon.

D) Nein, mein Mann geht meistens einkaufen, weil ich länger arbeiten muss als er.

E) Nächste Woche können wir einziehen.

F) Mit Gas.

G) Ja, wir wollen demnächst ein Zimmer an einen Studenten vermieten.

a	b	c	d	e	f	g

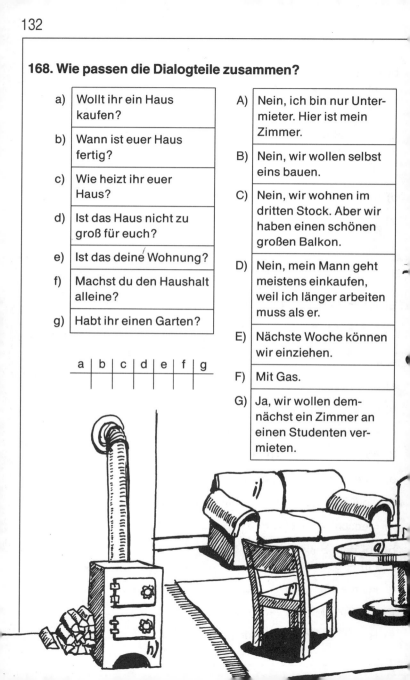

5.2 Einrichtung | 1–2000

9. Welchen Buchstaben haben die Möbel im Bild?

☐ Bett ☐ Kühlschrank ☐ Lampe ☐ Ofen ☐ Schrank
☐ Sessel ☐ Sofa ☐ Stuhl ☐ Teppich ☐ Tisch

170. Welches Nomen passt?

a) Im Garten steht ein____ groß____ _____ . Darauf
    können drei Leute bequem sitzen. *(Möbel/Sofa/Bank)*
b) Großvater sitzt draußen im Garten. Bring ihm bitte
    ein_____ _____ , es ist kühl. *(Handtuch/
    Decke/Teppich)*
c) Hole bitte zwei Gläser aus dem Schrank. Sie sind im
    obersten _____ . *(Fach/Möbel/Boden)*
d) Meine Möbel sind alle ziemlich alt und unmodern. Für
    ein_____ besser_____ _____ habe ich im
    Moment kein Geld. *(Haus/Einrichtung/Raum)*

$$2001-4000$$

171. Was passt zusammen?

a) Garderobe:
b) Kissen:
c) Schublade:
d) Tischtuch:

e) Vorhang:

f) Couch:

g) Kommode:
h) Kleiderschrank:
i) Badewanne:

A) darauf kann man sitzen und liegen;
   steht meistens im Wohnzimmer
B) Stoff, der vor dem Fenster hängt
C) ein Möbelstück für Wäsche, Hem-
   den, Jacken, Röcke, Mäntel...
D) daran hängt man seinen Mantel
   auf; auch der richtige Platz für
   Hüte und Regenschirme
E) darauf legt man seinen Kopf beim
   Schlafen
F) liegt auf dem Tisch, damit er schö-
   ner aussieht und geschützt wird
G) ein Möbelstück für Büroarbeit
H) ein kleiner Schrank mit Schubläden
I) ist Teil des Badezimmers; man füllt
   sie mit warmem Wasser und legt
   sich hinein

j) Schreibtisch: J) Teil eines Schranks; lässt sich herausziehen
k) Regal: K) einfaches Möbelstück ohne Türen;
                       sehr gut für Bücher geeignet

a	b	c	d	e	f	g	h	i	j	k

5.3 Gebrauchsgegenstände   1–2000

2. Welches Nomen passt?

| Geschirr   Schere   Nadel   Pfanne   Tasse |

a) essen – Teller : trinken – _____
b) Fleisch – Messer : Papier – _____
c) Hammer – Werkzeug : Teller – _____
d) schneiden – Messer : nähen – _____
e) kochen – Topf : braten – _____

3. Was passt zusammen?

a) Uhr: (A) eine Tür aufschließen
b) Taschentuch: (B) Brot schneiden
c) Streichholz: (C) nach der Zeit fragen
d) Spiegel: (D) sich vor dem Regen schützen
e) Schirm: (E) etwas reparieren
f) Messer: (F) sich die Nase putzen
g) Werkzeug: (G) Feuer für die Zigarette brauchen
h) Tasche: (H) einkaufen gehen
i) Schlüssel: (I) sich selbst anschauen

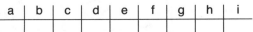

a	b	c	d	e	f	g	h	i

136

174. Drei Wörter, die fast die gleiche Bedeutung haben: Ding(e) / Gegenstand (Gegenstände) / Sache(n). (Passt nur eins oder zwei oder sogar alle drei?)

a) Ich komme heute Abend später nach Hause, weil ich noch ein paar _____ einkaufen will.

b) Holger hat den ganzen Schrank voll mit Anzügen, Hemden und Hosen, aber er kauft sich jede Woche noch eine _____ dazu.

c) □ Das ist meine neue Küchenmaschine.
   ○ So ein___ _____ habe ich noch nie gesehen.

d) □ Ich habe von einem Bekannten einen gebrauchten Kühlschrank gekauft. Ich kann ihn aber nicht abholen, weil mein Auto zu klein ist.
   ○ Da kann ich dir helfen. In meinem Wagen kann man auch größere _____ transportieren.

e) □ Jochen hat mir seine Schreibmaschine verkauft. Sie hat 100 DM gekostet.
   ○ Bist du verrückt? Für dies___ alt___ _____ hätte ich höchstens 20 DM bezahlt.

175. Zu jedem Nomen passt ein Bild. Ergänzen Sie den Artikel.

Griff   Kette   Kiste   Klingel   Schachtel   Wäsche

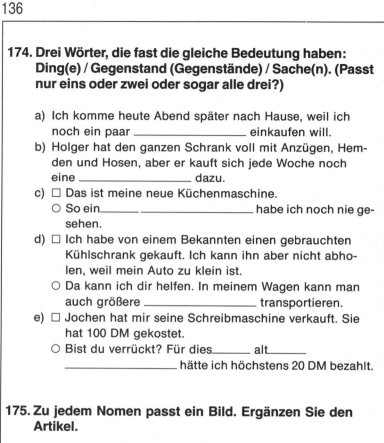

a)

b)

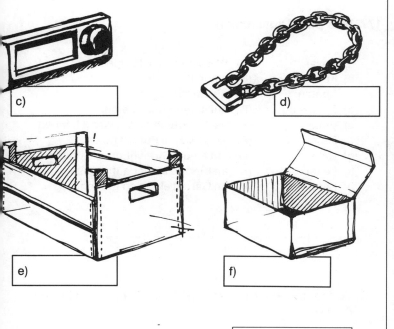

c)

d)

e)

f)

2001—4000

5. Welches Nomen passt?

> Feuerzeug   Nagel   Kalender   Kessel   Brieftasche
> Hammer   Waage   Waschlappen   Wecker

a) sich abtrocknen – Handtuch : sich waschen – _____
   _____

b) Geld – Geldbeutel : Ausweis/Papiere – _____

c) Suppe kochen – Topf : Wasser kochen – _____

d) Schraube – Schraubendreher : Nagel – _____

e) Holz – Streichholz : Gas – _____

f) Zeit – Uhr : Datum – _____

g) drehen – Schraube : schlagen – _____

h) Länge/Breite – Maßband : Gewicht – _____

i) in der Küche – Küchenuhr : am Bett – _____

177. Was passt zusammen?

a) Besen:	(A)	Wasser in ein Glas gießen
b) Kerze:	(B)	einen Knopf annähen
c) Spaten:	(C)	die Straße fegen
d) Spielzeug:	(D)	auf einen Baum steigen
e) Eimer:	(E)	ein Handtuch an die Wand hängen
f) Faden:	(F)	Wasser zum Putzen holen
g) Haken:	(G)	mit einem Streichholz anzünden
h) Leiter:	(H)	im Kinderzimmer aufräumen
i) Kanne:	(I)	im Garten ein Loch graben

a	b	c	d	e	f	g	h	i

178. Zu jedem Nomen passt ein Bild. Ergänzen Sie den Artikel.

Glühbirne	Grill	Papierkorb
Sack	Schlauch	Untertasse

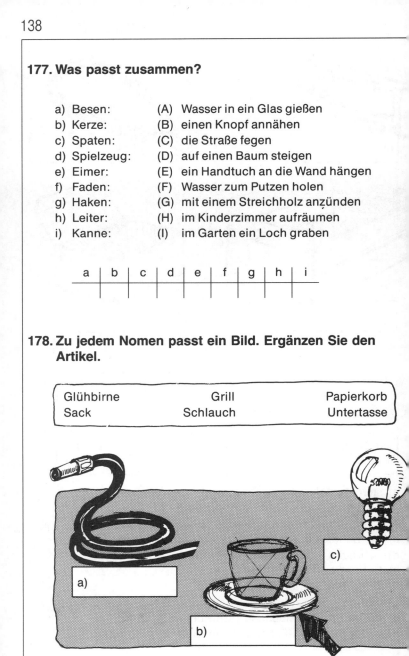

5.4 Kleidung und Schmuck | 1–2000

. Welches Kleidungsstück passt wozu?

Kopftuch	Pullover
Hemd	Kleid
Rock	Mantel
Socken	Hut
Mütze	Strümpfe
Schuhe	Bluse
Jacke	Hose

a) _____
b) _____
c) _____
d) _____
e) _____

180. Welches Nomen passt am besten?

Stoff   Knopf   Ring   Leder   Uhr   Mode   Gürtel

a) Hose halten: _____
b) Bluse zumachen, aufmachen: _____
c) Schmuck, Finger: _____
d) Stunde, Minute, Zeit: _____
e) Schuhe, Material: _____
f) Wäsche, Material: _____
g) Kleidung, Stil, Aussehen: _____

$$2001-4000$$

181. Welches Nomen passt?

Handschuhe   Anzug   Perlenkette   Ärmel
Unterwäsche   Reißverschluss   Jackett   Uniform

a) praktische Erfindung, öffnet und schließt schnell
   Taschen, Hosen, Röcke, . . .: _____
b) Kleidungsstück für den Mann; Jacke und Hose aus dem
   gleichen Stoff: _____
c) was ein Soldat trägt: _____
d) Kleidung, die man direkt auf der Haut trägt:

   _____
e) Teil eines Pullovers, einer Jacke, eines Mantels; beklei-
   det den Arm: _____
f) Kleidungsstück für den Winter; wärmt die Finger:

   _____
g) Schmuckstück für den Hals: _____
h) anderer Name für die Jacke eines Anzugs:

   _____

2. Wie passen die Dialogteile zusammen?

a) Passen dir die Stiefel?

b) Kannst du im Büro Jeans und Pullover tragen?

c) Du bist sehr warm gekleidet; schwitzt du denn nicht?

d) Wollen wir einen Schirm mitnehmen?

e) Wollen Sie nicht Ihren Mantel ausziehen?

f) Ich muss noch ein paar Hemden zusammenlegen.

A) Nein danke, ich muss gleich wieder gehen.

B) Warum machst du dir so viel Mühe? Hänge sie doch über den Kleiderbügel.

C) Unmöglich, ich muss immer einen Anzug mit Krawatte anziehen.

D) Für mich nicht; ich ziehe meinen Regenmantel an.

E) Ich habe sie noch nicht anprobiert.

F) Doch. Ich werde mich gleich umziehen.

a	b	c	d	e	f

5.5 Mahlzeiten, Restaurant | 1−2000

183. Was passt nicht?

a) backen: einen Kuchen, ein Gewürz, ein Brot, viele Brötchen

b) bedienen: ein Rezept, sich selbst, Tisch Nr. 8, einen Gast

c) bestellen: eine Tasse Tee, eine warme Mahlzeit, eine Suppe, ein Restaurant

d) braten: ein Stück Fleisch, ein Kotelett, ein Brot, ein Schnitzel

e) essen: Kuchen mit Sahne, ein Ei, Brot mit Marmelade, ein Trinkgeld

f) frühstücken: sonntags immer lange, erst gegen 10 Uhr, eine Speisekarte, nur sehr wenig

g) probieren: den Hunger, den Wein, die Soße, die Suppe

184. Drei Nomen passen zusammen, eins passt nicht dazu.

a) Café – Gastwirtschaft – Kiosk – Restaurant

b) Gabel – Teller – Messer – Löffel

c) Portion – Teil – Stück – Gewicht

d) Preise – Hunger – Speisekarte – Gerichte

e) Geschmack – Trinkgeld – Rechnung – Kellner

2001−4000

185. Was passt nicht? (Eine Ergänzung ist falsch.)

a) ☐ Sind die Erbsen frisch?

○ Nein, sie sind aus der _____. *(Flasche/ Tüte/Konservendose)*

b) Ich habe heute keine Lust zu kochen. Komm, lass uns in ein _____ gehen! *(Gasthaus/Restaurant/ Gericht)*

c) Die Soße schmeckt sehr gut! Ist _____
schwierig? *(die Zubereitung/der Koch/das Rezept)*

d) □ Warum isst du nichts?
○ Ich habe keinen _____. *(Imbiss/Hunger/
Appetit)*

e) Das Essen ist gleich fertig. Ich muss nur noch den Salat
_____. *(zubereiten/kochen/machen)*

6. Welches Nomen passt am besten in die Reihe?

Gericht	Appetit	Löffel
Ober	Essen	Abendessen

a) Frühstück – Mittagessen –_
b) Kellner – Bedienung –_____
c) Imbiss – Mahlzeit –_____
d) Durst – Hunger –_____
e) Messer – Gabel –_____
f) Essen – Menü –_____

5.6 Lebensmittel, Speisen | 1–2000

7. Wo kann man diese Lebensmittel kaufen?

Schweinefleisch	Kuchen	Butter	Käse	Margarine
Brot	Wurst	Schnitzel	Sahne	Kotelett	Rindfleisch

a) Milchgeschäft	b) Metzgerei	c) Bäckerei

188. *Pfeffer* **im Kaffee? In jedem Satz ist ein Nomen, das besser in einen anderen Satz passt. Verbessern Sie bitte!**

a) Möchten Sie etwas *Suppe* _____ über das Kotelett?

b) Zum Nachtisch hätte ich gern eine Portion *Zucker* _____.

c) ☐ Nimm doch noch ein paar Karotten!
   ○ Nein danke, ich esse nicht sehr gerne *Ei* _____.

d) Vor dem Hauptgericht möchte ich einen Teller *Soße* _____.

e) Trinken Sie Ihren Kaffee mit *Pfeffer* _____?

f) Möchten Sie ein weiches *Gemüse* _____ zum Frühstück?

g) Ich esse gerne scharf. Für meinen Geschmack ist zu wenig *Marmelade* _____ in der Suppe.

h) Zum Frühstück esse ich nur Butterbrot mit *Eis* _____.

189. Welches Adjektiv passt?

| haltbar | roh | süß | scharf | sauer |

a) Nimm von dieser Soße nur ganz wenig; sie ist sehr _____.

b) Der Braten war nicht lange genug im Ofen; innen ist er noch ganz _____.

c) Wir müssen zuerst diese Wurst essen; sie ist nicht mehr lange _____.

d) Ich nehme nur einen Löffel Zucker, der Kaffee ist mir sonst zu _____.

e) Die Sahne hat in der Sonne gestanden. Du kannst sie nicht mehr essen, sie ist _____.

2001–4000

. Drei Nomen passen zusammen, eins passt nicht dazu.

a) Kalb – Lamm – Wurst – Schwein
b) Scheibe – Gewicht – Stück – Schnitte
c) Schokolade – Marmelade – Konfitüre – Honig
d) Wurst – Schinken – Speck – Brötchen
e) Würstchen – Kotelett – Steak – Schnitzel

. Wie heißt das Gegenteil? Ordnen Sie die Dialogteile.

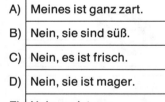

a) Ist die Wurst fett?

b) Ist das Gemüse noch roh?

c) Ich finde das Steak zäh.

d) Sind die Äpfel sauer?

e) Ist das Brot alt?

A) Meines ist ganz zart.

B) Nein, sie sind süß.

C) Nein, es ist frisch.

D) Nein, sie ist mager.

E) Nein, es ist gar.

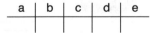

a	b	c	d	e

5.7 Obst und Gemüse | 1—2000

192. Zu jedem Bild passt ein Nomen. (‚Apfelsine' und ‚Orange' haben die gleiche Bedeutung.)

Apfel	Kirsche	Salat	Orange/Apfelsine
Nuss	Birne	Kartoffel	Obst

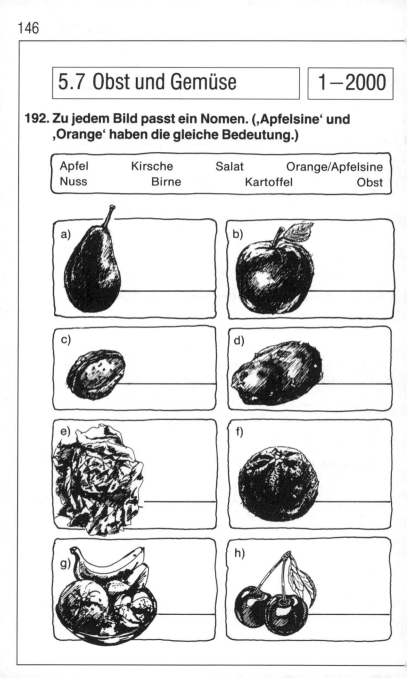

a)

b)

c)

d)

e)

f)

g)

h)

2001−4000

3. Ordnen Sie.

| Bananen | Kirschen | Erbsen | Zitronen | Äpfel |
| Bohnen | Kohl | Orangen | Karotten/Möhren | Erdbeeren |

A) Gemüse   B) Obst

5.8 Trinken und Rauchen   1−2000

4. Ordnen Sie die Nomen.

Alkohol	Tabak	Pfeife	Getränk	Kaffee
Milch	Glas	Saft	Zigarre	Flasche
Tasse	Zigarette	Wein	Bier	Tee

a) Was kann man trinken?	b) Woraus kann man trinken?	c) Was kann man rauchen?

195. Was passt nicht?

- a) Bier: stark, zäh, hell, dunkel
- b) Kaffee: schwarz, stark, dick, dünn
- c) Milch: frisch, fett, sauer, zart
- d) Saft: sauer, süß, hart, frisch
- e) Tabak: hell, dunkel, leicht, fett
- f) Tee: schwach, stark, breit, dünn
- g) Wein: dick, leicht, süß, sauer
- h) Zigarette: leicht, stark, sauer, teuer

$$2001-4000$$

196. Wie passen die Dialogteile zusammen?

a)	Möchtest du ein Glas Wein?	A)	Ja gerne, am liebsten ein Bier.
b)	Haben wir auch alkoholfreie Getränke für die Kinder?	B)	Nein, der Korken sitzt so fest!
c)	Es ist schon nach Mitternacht, aber ich möchte noch gerne etwas trinken gehen.	C)	Nein, lieber ein Glas Mineralwasser.
		D)	Ja, sie können Milch oder Kakao trinken.
d)	Die Polizei hat Gerd den Führerschein abgenommen.	E)	Ist er betrunken Auto gefahren?
e)	Möchtest du etwas trinken?	F)	Ich kenne eine Bar, die bis morgens um 5 Uhr offen hat.
f)	Kannst du die Weinflasche nicht öffnen?		

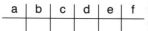

a	b	c	d	e	f

5.9 Arzt und Krankenhaus   1–2000

7. Ein Nomen passt nicht.

a) Wer arbeitet nicht in einem Krankenhaus?
☐ Arzt   ☐ Krankenschwester   ☐ Patient
☐ Doktor

b) Was kauft man nicht in einer Apotheke?
☐ Rezepte   ☐ Pflaster   ☐ Salben
☐ Tabletten   ☐ Medikamente

c) Wo sind keine Kranken, die einen Arzt brauchen?
☐ Wartezimmer   ☐ Krankenhaus   ☐ Apotheke
☐ Krankenzimmer

2001–4000

8. Zu jedem Bild passt ein Nomen.

Spritze   Thermometer   Krankenwagen   Gift

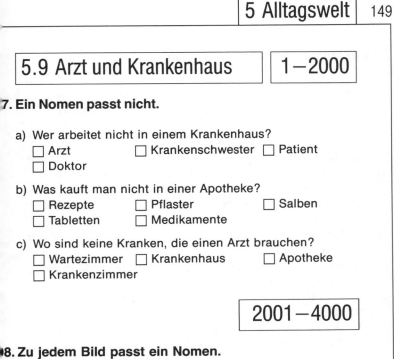

a)

b)

c)

d)

199. In jedem Satz fehlt ein Nomen.

> Sprechstunde   Operation   Medizin   Chirurg
> Behandlung   Facharzt   Krankenkasse

a) Wenn dir dein Hausarzt nicht helfen kann, warum gehst du dann nicht mal zum Spezialisten? Ich kenne einen sehr guten _____ für innere Medizin.

b) Der Patient hat bei der _____ sehr viel Blut verloren.

c) Mein Bruder studiert _____ ; er will Arzt werden.

d) 20% der Zahnarztkosten muss ich selbst bezahlen, 80% bezahlt meine _____ .

e) Frau Dr. Behrens hat vormittags und nachmittags

_____ .

f) Der Zahnarzt hat gesagt, dass meine Zahnfleischentzündung eine komplizierte Sache ist. Die _____ wird mehrere Wochen dauern.

g) Mich hat Dr. Schwann operiert; er ist ein sehr guter

_____ .

6 Wirtschaft und Verwaltung
6.1 Allgemeines

1–2000

200. Welches Nomen passt?

a) Unser Produkt ist gut, aber es verkauft sich trotzdem schlecht, weil wir eine starke _____ haben. *(Industrie/Konkurrenz/Produktion)*

b) Wer ein hohes Einkommen hat, muss auch höhere _____ bezahlen. *(Steuern/Unkosten/Rechnungen)*

c) Unser Betrieb machte in diesem Jahr einen _____ von vier Millionen DM. *(Preis/Buchführung/Umsatz)*

d) Zum Glück wird der Schaden von der _____ bezahlt. *(Wirtschaft/Rechnung/Versicherung)*

e) Dem Unternehmen geht es schlecht. Es gibt im Moment sehr wenig _____. *(Aufträge/Unkosten/Angebote)*

f) Der Firma geht es sehr gut. In den letzten Jahren wurden hohe _____ gemacht. *(Kosten/Gewinne/Angebote)*

201. Welches Nomen passt am besten dazu?

Buchführung   Lager   Produktion
Wirtschaft   Werbung

a) Anzeigen – Zeitung – Radio – Fernsehen: _____

b) Halle – Regale – Ordnung – Kästen: _____

c) Material – Halle – Arbeiter – Maschine: _____

d) Aufträge – Rechnungen – Kontrolle – Geld: _____

e) Produktion – Handel – Dienstleistungen – Konkurrenz: _____

2001–4000

. Welches Nomen passt am besten zu welchem Satz?

| Garantie | Börse | Krise |
| Prospekte (Pl.) | Lieferung | Steigerung |

a) Der Umsatz der Holdorf AG war in diesem Jahr um 12% höher als im letzten. _____

b) Der Aktienhandel war gestern sehr ruhig; es gab keine großen Gewinne oder Verluste. _____

c) Wir bringen Ihnen die Ersatzteile morgen Nachmittag ins Haus. _____

d) Die Firma hat in den letzten Jahren große Verluste gemacht und muss in diesem Monat 80 Leute entlassen. _____

e) Reparaturen an der neuen Maschine sind in den ersten zwei Jahren kostenlos. _____

f) Ich möchte Sie bitten, mir Informationen über Ihr neues Produktprogramm zu schicken. _____

. Drei Nomen passen zusammen, eins passt nicht dazu.

a) Einnahme – Profit – Lieferung – Umsatz

b) Prospekt – Muster – Werbung – Firma

c) Chef – Statistik – Daten – Bilanz

d) Herstellung – Krise – Produktion – Industrie

e) Direktor – Geschäftsleitung – Bedarf – Geschäftsführer

f) Export – Import – Sport – Handel

g) Verbraucher – Käufer – Ersatzteile – Kunde

204. In jedem Satz fehlt ein Verb!

| ruinieren | versichern | produzieren |
| verbrauchen | exportieren | importieren |

a) Unsere Familie _____ im Durchschnitt 10 Liter Milch pro Woche.

b) Diese Maschine _____ pro Tag 250 Ersatzteile.

c) Der Geschäftsführer wurde entlassen, weil er schwere Fehler in der wirtschaftlichen Planung gemacht hat. Damit hat er den Betrieb beinahe _____.

d) Wir _____ unser Produkt in acht verschiedene Länder, aber hauptsächlich nach Frankreich und Italien.

e) Gestern wurde mein Autoradio gestohlen. Zum Glück habe ich mich gegen Diebstahl _____.

f) Einige technische Teile können wir nicht selbst herstellen; wir _____ sie aus Japan.

6.2 Geschäfte und Einkauf | 1–2000

205. Welches Nomen passt dazu?

| Kunde | Bäckerei | Metzgerei | Händler |
| Marke | Preis | Kaufhaus | Kasse |

a) Kleidung – Textilgeschäft : Brot – _____
b) Obst – Sorte : Auto – _____
c) Personen – Geldbeutel : Geschäfte – _____
d) gut/schlecht – Qualität : teuer/billig – _____
e) Restaurant – Gast : Geschäft – _____
f) produzieren – Hersteller : verkaufen – _____
g) kleines Angebot – Laden : großes Angebot– _____
h) Gemüse – Gemüseladen : Fleisch – _____

6. In jedem Satz fehlt ein Nomen!

> Supermarkt   Quittung   Kiosk   Vorrat

a) Das macht zusammen 43,50 DM. Möchten Sie eine
_____?

b) □ Soll ich Kartoffeln einkaufen? ○ Nein, es ist noch ein
großer _____ im Keller.

c) Ich kaufe das Brot immer in der Bäckerei, obwohl es im
_____ billiger ist.

d) Die Geschäfte sind schon zu, aber ich weiß, wo ein
_____ ist. Dort können wir ein paar
Getränke kaufen.

**7. Wie passen die Verben zu den Wörterbuch-
erklärungen?**

> aussuchen   handeln   kaufen   kosten   zahlen

a) _____ : ein schönes Hemd, ein neues Fahrrad ~; bei der Firma Weyer kann
man günstig Möbel ~; wollen wir
den Kuchen selbst backen oder
schnell einen ~?

b) _____ : **1.** ⟨*weniger bezahlen wollen*⟩ um
den Preis ~; hier können Sie nicht
~, wir haben feste Preise; **2.** ⟨*anbieten, verkaufen*⟩ mit Elektroartikeln,
mit Obst und Gemüse ~

c) _____ : ⟨*wählen*⟩ ein Gericht in der Speise-
karte ~; eine Farbe aus dem
Musterkatalog ~; ein Kleid aus dem
Katalog ~

d) _____ : mit Scheck ~; bar ~; jeden Monat
pünktlich die Miete ~; sie kann ihre
Schulden nicht ~

e) _____ : die Reparatur wird wahrscheinlich
sehr viel Geld ~; die Äpfel ~ 3,50
DM; was ~ diese Schuhe?

2001–4000

208. Was ist richtig?

a) ein Laden, in dem man Putzmittel, kosmetische Artikel
   und andere Waren für den Haushalt kaufen kann, ist
   ☐ eine Apotheke ☐ ein Kiosk ☐ eine Drogerie

b) ein Laden, in dem man zwischen vielen Artikeln aussuchen kann, hat
   ☐ eine große Auswahl ☐ ein großes Schaufenster
   ☐ eine gute Reklame

c) ein Geschäft, dessen Verkäufer freundlich sind, die Artikel gut kennen und die Kunden gut beraten, hat
   ☐ einen netten Inhaber ☐ einen guten Service
   ☐ eine gute Auswahl

d) der Inhaber eines Geschäfts ist
   ☐ der Kunde ☐ der Käufer ☐ der Besitzer

e) ein Geschäft, in dem Kleider mit chemischen Mitteln
   sauber gemacht werden, ist
   ☐ eine Reinigung ☐ eine Drogerie
   ☐ eine Wäscherei

f) Reklame ist ein anderes Wort für
   ☐ Schaufenster ☐ Werbung ☐ Service

g) Das ist
   ☐ eine Reihe
   ☐ eine Linie
   ☐ eine Schlange

6.3 Geld und Besitz | 1–2000

9. Drei Nomen passen zusammen, eins passt nicht dazu.

a) Darlehen – Währung – Kredit – Schulden
b) Mark – Schilling – Verlust – Franken
c) Konto – Münze – Mark – Geld

0. Was passt nicht?

a) ein Darlehen/einen Kredit: aufnehmen, zurückzahlen, sparen
b) Geld: sparen, verdienen, verlassen, ausgeben
c) Schulden: wechseln, machen, haben
d) einen Scheck: ausstellen, verdienen, einlösen
e) ein Konto: haben, besitzen, kaufen

| 2001–4000 |

1. Wohin passen die Wörter?

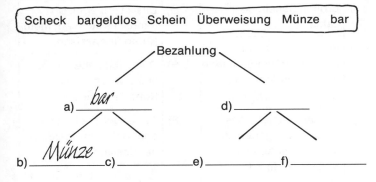

Scheck   bargeldlos   Schein   Überweisung   Münze   bar

Bezahlung

a) _bar_   d) _____

b) _Münze_   c) _____   e) _____   f) _____

212. Ordnen Sie.

| Vermögen | Verluste | Ausgaben | Verdienst |
| Gewinn | Schulden | Einkommen | Rente |

a) Geld haben/bekommen	b) Geld verlieren

213. Wie passen die Dialogteile zusammen?

a) Meine Eltern haben mir 2000 DM geschenkt.

b) Wir haben nicht mehr genug Bargeld.

c) Mir fehlen noch 20 Pfennig für die Fahrkarte. Hast du zufällig Kleingeld?

d) Ich nehme dieses Buch hier. Kann ich mit einem großen Schein bezahlen?

e) Ich verstehe nicht, warum Jochen Schulden hat. Er verdient doch gut in seinem Beruf.

f) Ich kann dir jetzt das Geld zurückgeben, das du mir geliehen hast. Soll ich es dir bar geben?

A) Schon, aber er verschwendet sehr viel Geld für Autos und Kleidung.

B) Zwei Groschen habe ich bestimmt im Geldbeutel.

C) Willst du das Geld ausgeben oder auf dein Bankkonto einzahlen?

D) Das ist mir egal. Du kannst es auch auf mein Konto überweisen.

E) Doch, ich habe gestern 300 DM von meinem Konto abgehoben.

F) Ja das geht; ich habe genug Wechselgeld in der Kasse.

a	b	c	d	e	f

6.4 Arbeitswelt | 1–2000

4. Welches Verb passt?

beschäftigen	erledigen	arbeiten	kündigen
tippen	vertreten	einstellen	bewerben

a) _____ : geistig, schnell, langsam, schwer, lange, zuverlässig ~; wie ein Pferd ~; bei der Firma Lotz ~; in der Planungsabteilung ~; in der Werkstatt, am Schreibtisch, auf dem Feld ~

b) _____ : eine Arbeit schnell ~; einen Auftrag, eine Bestellung pünktlich ~; die Post ~; den Einkauf ~

c) _____ : der Sekretärin ~; dem Abteilungsleiter ~; aus welchem Grund wollen Sie ihm ~?; einen Vertrag, eine Wohnung, ein Darlehen ~

d) _____ : sich um eine Stelle ~; sich bei der Firma Gebhard ~; sich für den Außendienst ~

e) _____ : wie viele Leute ~ Sie in Ihrer Firma?; wir ~ 62 Arbeiter und Angestellte

f) _____ : ich muss meinen Kollegen während seines Urlaubs ~; der Außenminister hat den kranken Ministerpräsidenten bei den Verhandlungen ~; kannst du mich bitte morgen für eine Stunde ~?

g) _____ : einen Brief, einen Bericht, eine Rechnung (mit der Schreibmaschine) ~

h) _____ : neue Leute ~; eine neue Sekretärin ~; leider können wir niemanden mehr ~

215. Ordnen Sie.

Büro	Halle	Freizeit	Chef	Werk
Personal	Arbeiter	Betrieb	Ferien	Angestellter
Meister	Werkstatt		Pause	Urlaub

a) arbeitende Menschen	b) wo man arbeitet	c) Zeit, in der man nicht arbeitet

216. Welches Nomen passt?

Angelegenheit	Mühe	Vertrag
Verantwortung	Computer	

a) einen ⎫
   ⎬———— ⎰ unterschreiben
   ⎭   ⎱ kündigen
             schließen

b) mit dem ⎫
  am   ⎬———— arbeiten
  den   ⎭   arbeiten
  den   bedienen
             benutzen

c) sich um die ⎫
  sich mit der ⎬———— kümmern
  die   ⎭ beschäftigen
  die   in Ordnung bringen
               erledigen

d) sich nicht viel ⎫   ⎧ geben
   sich große   ⎬ ─────── ⎨ machen
   sich die   ⎭   ⎩ sparen

e) eine große ⎫   ⎧ tragen
   die   ⎬ ─────── ⎨ haben
   die   ⎭   ⎩ ablehnen

7. Drei Nomen passen zusammen, eins passt nicht dazu.

a) Lohn – Einkommen – Qualität – Gehalt
b) Mühe – Leistung – Arbeit – Computer
c) Kopie – Erfolg – Karriere – Leistung
d) Arbeit – Urlaub – Aufgabe – Beschäftigung

$$2001-4000$$

8. Drei Nomen passen zusammen, eins passt nicht dazu.

a) Aktie – Termin – Bank – Zinsen
b) Diktat – Schreibmaschine – Projekt – Papier
c) Handwerk – Datum – Termin – Kalender
d) Schreibmaschine – Vertreter – Füller – Kugelschreiber
e) Konferenz – Daten – Tabelle – Zahlen
f) Notizbuch – Heft – Block – Aktie
g) Kollege – Leiter – Direktor – Vorsitzender
h) Arbeitnehmer – Handwerk – Beschäftigte – Personal
i) Kongress – Konferenz – Sitzung – Unterschrift

9. Was passt zusammen?

a	
b	
c	
d	
e	

a) Gewerkschaft   (A) Zahlen
b) Arbeitszeit   (B) Feierabend
c) Projekt   (C) Planung
d) Praktikant   (D) Mitbestimmung
e) Daten   (E) Berufsanfänger

162

220. Ergänzen Sie die Nomen.

> Belastung   Gewerkschaft   Arbeitszeit
> Anforderungen (Pl.)   Streik   Sitzung   Unterschrift
> Zusammenarbeit Tarife (Pl.) Beratung Mitarbeiter (Pl.)
> Arbeitslosigkeit   Misserfolge (Pl.)   Abteilungen (Pl.)

a) Die _____ forderte die Beschäftigen
   zum _____ auf, um für eine kürzere
   Arbeitszeit und höhere Lohn-_____
   zu kämpfen.

b) Die _____ ist im letzten Monat wieder
   größer geworden. Jetzt sind 9,5% aller Arbeitnehmer
   ohne Arbeit.

c) Unserer Firma geht es schlecht. Die neuen Produkte
   waren fast alle _____ .

d) Die _____ wird zwar immer kürzer,
   aber es muss in kürzerer Zeit mehr produziert werden.
   Dadurch steigt natürlich die körperliche und psychische
   _____ der Arbeitnehmer.

e) Werkzeug und Maschinen kaufe ich nur noch bei Goltz,
   weil es dort einen schnellen Reparaturservice und gute
   _____ durch Fachpersonal gibt.

f) Fast 15% der Kursteilnehmer haben die letzte Prüfung
   nicht bestanden. Die _____ waren zu
   hoch, vor allem der schriftliche Teil der Prüfung war zu
   schwierig.

g) Der Chef ist im Moment nicht da. Er ist in einer
   _____ der Abteilungsleiter.

h) Der Vertrag ist ohne die zweite _____
   von Herrn Lammers nicht gültig.

i) Der Chef bedankte sich bei allen _____
   für die gute _____ .

j) Haben Sie den Besucher durch alle _____
   des Betriebs geführt?

1. Welches Verb passt am besten zu welchem Satz?

> streiken   anstellen   leiten
> entlassen   unterschreiben   verpachten

a) Der Vermieter verlangt für die Geschäftsräume in der Stadt 1200 DM pro Monat. _____

b) Herr Jacob ist Chef der Verkaufsabteilung. _____

c) Frau Langer hat ihre Stelle verloren, weil der Betrieb wirtschaftliche Schwierigkeiten hat. _____

d) Die Firma Bolten sucht noch zwei Elektriker. _____

e) Weil die Geschäftsleitung nur 2% mehr Lohn anbietet, wurde gestern Nachmittag in unserem Betrieb nicht gearbeitet. _____

f) Auf einer Seite des Vertrags fehlt noch die Unterschrift von Frau Richter. _____

6.5 Post und Telefon | 1–2000

2. Ergänzen Sie die Nomen.

> Paket   Telefon   Adresse   Anruf   Empfänger
> Anschrift   Gespräch   Telefonzelle   Telefonbuch   Porto

a) Petra, komm bitte zum Telefon. Der _____
   (das _____) ist für dich.

b) Wieviel kostet das _____ für diesen Brief?

c) ☐ Wo kann man hier telefonieren?
   ○ Die nächste _____ steht vor dem Rathaus fünf Minuten von hier.

d) Ab Montag habe ich ein eigenes _____.
   Dann kannst du mich zu Hause anrufen.

e) Ich habe deinen Brief nicht bekommen. Du hast bestimmt die _____ (die _____) falsch geschrieben.

f) Ich wollte Sie anrufen, aber im _____ konnte ich Ihren Namen nicht finden.

g) Dies ist kein Päckchen, sondern ein _____ . Es wiegt über 2 Kilogramm.

h) Ich habe dir geschrieben, aber mein Brief ist zurückge-kommen. ‚_____ unbekannt', stand auf dem Umschlag.

$$2001-4000$$

223. Zu jedem Bild passt ein Nomen.

| Briefkasten | Briefträger | Briefmarke | Briefumschlag |
| Postkarte | Postamt | Telefonkabine | Schalter |

a)

b)

c)

d)

e)

f)

g)

POST

PÄCKCHEN
PAKETE

h)

224. Wie heißt das auf Deutsch?

Die internationalen Sprachen der Post sind Französisch und Englisch. Ergänzen Sie die deutschen Ausdrücke.

| Postanweisung | Einschreiben | Luftpost |
| Drucksache | postlagernd | |

a) lettre recommandée/registered letter: _____
b) imprimé/printed matter: _____
c) par avion/by airmail: _____
d) mandat-poste/postal order: _____
e) poste restante/poste restante: _____

225. Wie heißt das? Ergänzen Sie den Artikel.

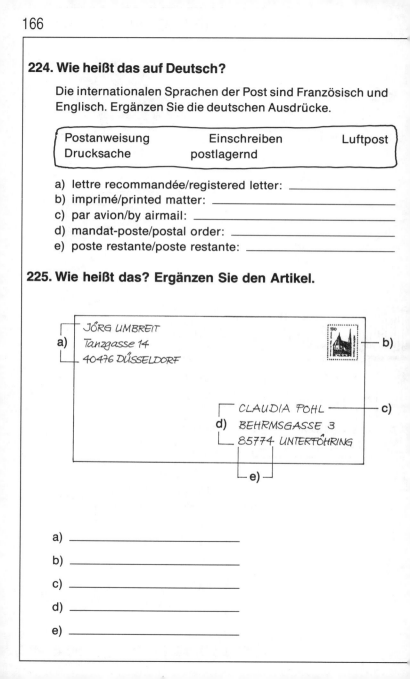

a)
JÖRG UMBREIT
Tanzgasse 14
40476 DÜSSELDORF

b)

CLAUDIA POHL — c)
d) BEHRMSGASSE 3
85774 UNTERFÖHRING

e)

a) _____
b) _____
c) _____
d) _____
e) _____

6. Wie passen die Dialogteile zusammen?

a)	Hast du Monika schon angerufen?
b)	Ich habe gestern mit meinen Verwandten in Kanada telefoniert.
c)	Woher weißt du, wann Christa und Helmut am Bahnhof ankommen?
d)	Unsere Tochter telefoniert schon seit zwei Stunden mit einer Freundin.

A)	Sie haben ein Telegramm geschickt.
B)	Hoffentlich ist es ein billiges Ortsgespräch.
C)	Ich habe es probiert, aber es ist dauernd besetzt.
D)	Ist so ein Ferngespräch nicht schrecklich teuer?

a	b	c	d

6.6 Behörden, Polizei · 1–2001

7. Drei Nomen passen zusammen, eins passt nicht dazu.

a) Amt – Beamter – Behörde – Verwaltung
b) Gesetz – Vorschrift – Regel – Formular
c) Beamter – Urkunde – Angestellter – Polizist

8. Was passt zusammen?

a) eine Gebühr	A) verlängern lassen
b) ein Formular	B) rufen
c) die Feuerwehr	C) verhaften
d) einen Ausweis	D) unterschreiben
e) einen Dieb	E) bezahlen

a	
b	
c	
d	
e	

168

229. Welches Nomen passt?

> Vorschriften (Pl.)   Schutz   Kontrolle
> Maßnahmen (Pl.)   Genehmigung

a) Die Regierung hat _____

  | gegen die Wohnungsnot | ergriffen.
  | zur Lösung der Verkehrsprobleme | vorgeschlagen.
  | zur Verbesserung des Gesundheits- | diskutiert.
  | dienstes |
  | gegen die Arbeitslosigkeit |

b) Seit heute gelten im Betrieb neue _____

  | für den Arbeitsschutz.
  | für die Pausenzeiten.
  | für den Gebrauch der Kopiergeräte.

c) Die Firma hat von der Behörde die _____

  | für den Betrieb der neuen Maschinen | bekommen.
  | für den Bau der neuen Werkshalle |
  | für die Benutzung der Abwasserkanäle |

d) Herr Martens ist in der Abteilung für die _____

  | der Maschinen | verantwortlich.
  | der Lieferfristen |
  | der Endprodukte |

e) Die Behörden haben Maßnahmen zum _____

  | der Bürger in den Hochwassergebieten | ergriffen.
  | vor neuen Unfällen in der chemischen |
  | Industrie |
  | der Kinder auf den Schulwegen |

2001–4000

0. Was wollen die Leute auf dem Amt erledigen?

eintragen	regeln	nachweisen	ausfüllen
beantragen		anmelden	abmelden

a) Ich will mein neues Auto _____ und das alte _____ .

b) Ich möchte eine Baugenehmigung _____ .

c) Ich möchte mich in die Warteliste für eine Sozialwohnung _____ lassen.

d) Ich muss einen Antrag auf Wohngeld _____ und brauche dafür Hilfe, weil ich zwei Fragen nicht verstehe.

e) Ich muss eine Sache auf dem Ordnungsamt _____ .

f) Ich bekomme Sozialhilfe und muss mit meinen Unterlagen _____ , dass ich zur Zeit kein Einkommen habe.

1. Drei Nomen passen zusammen, eins passt nicht dazu.

a) Papiere – Paragraph – Formulare – Anträge

b) Regelung – Bestimmung – Vorschrift – Wartesaal

c) Zoll – Polizei – Stempel – Feuerwehr

6.7 Rechtswesen | 1−2000

232. In jedem Satz fehlt ein Verb.

bestrafen	betrügen	verurteilen
zwingen	stehlen	beweisen

a) Er hatte ein Messer in der Hand und wollte mich
_____ , in sein Auto einzusteigen. Zum
Glück kam in diesem Moment Hilfe.

b) Ich glaube nicht, dass er ins Gefängnis muss. Wahrscheinlich wird er nur leicht _____ , weil er
noch so jung ist.

c) Jemand hat mein Fahrrad _____ . Ich war
nur ganz kurz in einem Geschäft, und als ich wieder
herauskam, war mein Fahrrad nicht mehr da.

d) Können Sie _____ , dass Sie in dieser Nacht
Ihre Wohnung nicht verlassen haben?

e) Die Richterin hat den Dieb zu 3 Jahren Gefängnis
_____ .

f) Sei vorsichtig mit diesem Mann, damit er dich nicht um
dein Geld _____ .

233. Wer ist was?

Richter(in)	Verbrecher(in)	Dieb(in)	Zeuge (Zeugin)
Rechtsanwalt(-anwältin)		Verteidiger(in)	

a) Er hat aus einer Wohnung wertvolle Bilder gestohlen.
_____

b) Sie hat beobachtet, wie ein Unfall passiert ist. Vor
Gericht wird sie gefragt, was sie gesehen hat.
_____

c) Er hat zwei Menschen getötet und drei schwer verletzt,
um ihr Geld stehlen zu können. _____

d) Sie hat ein Büro und berät Menschen in Rechtsfragen.
   In einem Strafprozess spricht sie für den Angeklagten/
   die Angeklagte. _____

e) Er leitet Gerichtsprozesse und spricht das Urteil.
   _____

4. Ein Adjektiv passt nicht.

a) Der Richter hat ein | mildes | Urteil gesprochen.
   | zartes |
   | gerechtes |
   | strenges |

b) Mord ist ein | furchtbares | Verbrechen.
   | schweres |
   | hohes |
   | schlimmes |

c) Er leidet sehr unter dieser | schweren | Schuld.
   | schlimmen |
   | großen |
   | weiten |

d) Ich finde, 3 Jahre Gefängnis | schwere | Strafe.
   sind eine | schwierige |
   | harte |
   | leichte |

e) Hans K. steht unter dem | schlimmen | Verdacht, ein
   | starken | Mörder zu sein.
   | schweren |
   | dicken |

235. Wie passen die Satzhälften zusammen?

a) Er hatte vor einiger Zeit einen Streit mit dem Mordopfer,

b) Die Bankangestellte wollte den Geldschrank nicht öffnen,

c) Felix M. hat sieben Jahre unschuldig im Gefängnis gesessen;

d) Dieser Mann kommt mir verdächtig vor;

e) Sie stehen hier im Halteverbot;

A) ihm ist großes Unrecht geschehen.

B) aber das ist kein Beweis für seine Schuld.

C) das kostet 40 DM.

D) er schaut immer in die Autos hinein, wenn die Fahrer den Parkplatz verlassen haben.

E) aber sie wurde mit Gewalt dazu gezwungen.

a	b	c	d	e

$$2001-4000$$

6. Wie nennt man diese Personen?

a) Jemand, der einen Menschen getötet hat: *M . rd . r*
b) Jemand, der im Gefängnis sitzt: *Hä . . l . ng*
c) Jemand, der in fremde Häuser kommt, um zu stehlen:
   Ein . . e . . er
d) Jemand, der sich mit Tricks und Lügen Geld oder
   andere Vorteile verschafft: *Be . . ü . er*
e) Ein höherer Beamter bei der Kriminalpolizei: *Ko . . i . . ar*

7. In jedem Satz fehlt ein Nomen!

Aussage	Beute	Jurist	Motiv
Täter	Staatsanwalt		Vernehmung

a) Ich glaube nicht, dass er der Mörder ist; er hatte doch
   gar kein _____ .
b) Der _____ forderte für den Angeklag-
   ten eine Gefängnisstrafe von 10 Jahren.
c) Klaus studiert Rechtswissenschaften; er will
   _____ werden.
d) Letzte Woche wurde im Hafen ein Mann erschossen. Die
   Polizei hat den _____ noch nicht
   gefunden.
e) Der Einbrecher hat seine _____ im
   Wald versteckt.
f) Bei der _____ durch den Richter ist
   der Angeklagte zusammengebrochen; er hat den Bank-
   raub zugegeben.
g) Der Zeuge hat vor Gericht eine falsche _____
   gemacht.

238. Drei Verben passen zusammen, eins passt nicht dazu.

a) ermorden – fliehen – töten – erschießen
b) verstoßen – anklagen – beschuldigen – anzeigen
c) stehlen – berauben – rauben – schwören

**239. Wie ist die zeitliche Reihenfolge bei einem Prozess?
Ergänzen Sie den Artikel. Ordnen Sie die Wörter.**

Verhandlung   Berufung   Klage   Urteil   Anzeige

Zuerst _____ , dann _____ ,
dann _____ , dann _____ ,
dann (vielleicht) _____ .

7 Kunst und Interessen

7.1 Theater, Film, bildende Kunst | 1 – 2000

240. Was passt zusammen?

a) Publikum ist ein anderes Wort für ...   Text
b) Maler, Schauspieler und Musiker sind ...   Museum
c) Der Schauspieler spielt seine ...   Kapitel
d) Schauspieler stehen abends auf der ...   Zuschauer
e) Die Schauspielerin lernt ihren ...   Bühne
f) Kunstobjekte stehen und hängen im ...   Künstler
g) Der Film läuft täglich im ...   Titel
h) Der Musiker spielt ein ...   Eintritt
i) Das Buch hat fünfzehn ...   Rolle
j) Die Vorstellung kostet ...   Kino
k) Jedes Buch hat einen ...   Instrument

2001 – 4000

241. Welches Nomen passt dazu?

| Pinsel | Szene | Akt | Schriftsteller | Komödie |
| Motiv | | Galerie | Leser | Regisseur |

a) Roman – Autor : Film – _____
b) Buch – Thema : Bild – _____
c) Film – Zuschauer : Buch – _____
d) Roman – Kapitel : Drama : _____
e) Schriftsteller – Schreibmaschine : Maler – _____
f) Zeichnung – Maler : Buch – _____
g) Text – Abschnitt : Film – _____
h) ernst – Drama : lustig – _____
i) Bücher – Buchhandlung : Bilder – _____

2. Welches Nomen hat die gleiche oder eine ähnliche Bedeutung?

a	
b	
c	
d	
e	

a) Schriftsteller
b) Aufführung
c) Gedicht
d) Geschichte
e) Kasse

A) Roman
B) Lyrik
C) Autor
D) Eintritt
E) Vorstellung

7.2 Musik 1–2000

3. In jedem Satz fehlt ein Nomen!

| Oper | Beifall | Melodie | Konzert | Orchester |

a) Nach dem Konzert gab es einen langen _____ für den Künstler.

b) Der Text und die _____ des Liedes wurden von zwei verschiedenen Personen geschrieben.

c) Eva Dohm spielt im _____ des Bremer Stadttheaters Geige.

d) Bei den Wagner-Festspielen in Bayreuth wurde dieses Jahr die _____ ,Parzival' gespielt.

e) Das Schulorchester gibt heute Abend für Eltern, Lehrer und Schüler ein _____ .

4. Was passt nicht?

a) Sie | spielt
besitzt ein
singt
übt | Klavier.

b) Er | hört
sieht
macht
liebt | Musik.

c) Sie | spielt eine | Melodie.
| kennt diese |
| übt eine |
| macht eine |

d) Er | besucht eine | Oper.
| liebt die |
| weiß jede |
| kennt jede |

e) Sie | singt ein | Lied.
| spielt auf dem Klavier ein |
| mag dieses |
| besucht ein |

f) Er | besucht ein | Konzert.
| geht zu einem |
| singt ein |
| hört im Radio ein |

2001−4000

245. Zu jedem Bild gehört ein Nomen.

| Geige | Plattenspieler | Sänger | Kapelle |

a)

b)

6. Wie nennt man ...

a) jemanden, der Musikstücke, Lieder oder Opern
   schreibt? *K . mpo . . st*
b) eine Gruppe von Menschen, die zusammen singen?
   C . . r
c) aktuelle, beliebte Lieder? *Sch . a . . r*
d) mehrere Musiker, die zusammen Tanzmusik machen?
   Ka . . ll .

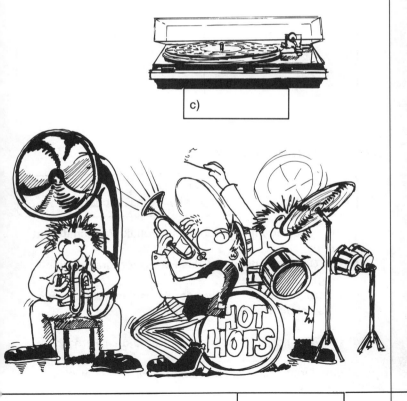

c)

d)

7.3 Medien | 1–2000

247. Was kann man lesen? Was kann man hören und sehen?

Fernsehen	Buch	Rundfunk	Illustrierte
Radio	Zeitung	Presse	Sendung Film

a) Man liest es:	b) Man hört und/oder sieht es:

248. Welches Nomen passt?

Sprecher(in)	Programm	Verlag
Nachrichten	Fernseher/Fernsehapparat	

a) die neuesten Informationen aus Politik, Wirtschaft und Kultur: _____

b) das Gerät, mit dem man das Fernsehprogramm empfängt: _____

c) Mitarbeiter(in) bei Radio oder Fernsehen, der/die zum Beispiel die Nachrichten vorliest:

_____

d) das Angebot an Sendungen in Radio oder Fernsehen:

_____

e) eine Firma, die Bücher oder Zeitschriften entwickelt, produziert und verkauft: _____

$$2001-4000$$

49. Welche Nomen passen zu den Wörterbuch-erklärungen?

Hörer	Veröffentlichung	Empfang
Zeitschrift	Störung	Übertragung

a) _____ : ⟨*Sendung*⟩ die ~ eines Kon-zerts, eines Handballspiels im Radio; wir haben die ~ der Dis-kussion im Fernsehen gesehen.

b) _____ : ⟨**1.** *Rundfunkteilnehmer*⟩ ‚Guten Abend, liebe ~!'
⟨**2.** *Begrüßung im Radio durch eine(n) Sprecher(in)*⟩; diese Radiosendung hat viele ~

c) _____ : ⟨*das Hören/Sehen einer Radio-/ Fernsehsendung*⟩ der ~ war leider nicht störungsfrei; wir hat-ten leider einen schlechten ~

d) _____ : die ~ des neuesten Romans von Günter Grass ist für Septem-ber geplant; von der Autorin gibt es seit vier Jahren keine neue ~

e) _____ : ⟨*Fehler, Defekt*⟩ ‚Liebe Fernseh-zuschauer, entschuldigen Sie bitte die ~; die Sendung muss wegen einer technischen ~ un-terbrochen werden'

f) _____ : ⟨*Illustrierte*⟩ eine Fernseh-~, eine Sport-~, eine Frauen-~; diese ~ hat eine hohe Auflage, viele Leser

250. Was passt nicht?

a) veröffentlichen: ein neues Buch, ein Tonbandgerät, Briefe von Thomas Mann, einen Roman

b) unterhalten: den Wetterbericht, die Zuhörer, die Zuschauer, das Publikum

c) drucken: ein Buch, eine Zeitung, ein Plakat, eine Redaktion

d) übertragen: ein Fußballspiel, eine Störung, ein Konzert, die Rede des Präsidenten

e) senden: einen Spielfilm, einen Kriminalfilm, einen Hörer, den Wetterbericht

251. Was passt zusammen?

a) bekannte Persönlichkeit, Fragen, Antwort: A) Schlagzeile

b) Zeitung, Zeitschrift, 100 000, drucken: B) Wetterbericht

c) Veröffentlichung, Werbung, Zeitung: C) Interview

d) Überschrift, groß, fett, wichtig: D) Auflage

e) Regen, Sonne, Temperatur, morgen: E) Zuschrift

f) Leser, Meinung, Kritik, Lob, schreiben: F) Anzeige

a	b	c	d	e	f

7.4 Freizeitbeschäftigungen   1–2000

252. Was passt nicht?

a) ein Kind, einen Namen, eine Kirche, Leute: fotografieren

b) Karten, Fußball, Schach, Tennis, Sport: spielen

c) einen Tango, mit einer Freundin, ein Spiel, einen Walzer:	tanzen
d) sich von einem Foto, sich von der Arbeit, sich von einer Krankheit, sich beim Spazierengehen:	erholen

53. Welches Nomen passt?

| Foto | Spiel | Freizeit | Bild | Vergnügen |

a) das, was ein Künstler malt: _____

b) die Zeit, in der man nicht arbeitet: _____

c) das Bild, das man mit einer Kamera macht:

_____

d) Beschäftigung in der Freizeit für Kinder und Erwachsene: _____

e) das Gefühl, das man hat, wenn einem eine Sache Spaß macht: _____

$$2001-4000$$

54. Drei Nomen passen zusammen, eins passt nicht dazu.

a) Hobby – Freizeit – Spiel – Arbeit

b) Foto – Kamera – Bummel – Dia

c) Bummel – Tanz – Wanderung – Spaziergang

d) Rätsel – Frage – Dia – Lösung

55. Was passt nicht?

a) ausgehen:	ins Kino, ins Bett, ins Restaurant, ins Theater
b) baden:	in einem Fluss, im Meer, in der Badewanne, im Wald
c) spazieren gehen:	in der Wohnung, in der Stadt, im Park, im Wald
d) stricken:	einen Pullover, Handschuhe, Lederstiefel, einen Schal

e) wandern: in den Bergen, im Gebirge, durch Wald und Wiesen, im Garten

f) amüsieren: sich beim Tanzen, sich mit der Zeit, sich im Kino, sich mit Freunden

7.5 Sport | 1−2000

256. Wie heißen die Nomen vollständig?

a) kleiner Raum, in dem man sich (z. B. zum Schwimmen) umziehen kann: *Ka . i . e*

b) runder Gegenstand zum Spielen aus Gummi oder Leder: *B . ll*

c) Gruppe von Spielern (beim Fußball sind es elf): *Mann . . . a . t*

d) körperliche Betätigung in der Freizeit: *Sp . . t*

e) Ort, an dem große Fußballspiele und andere sportliche Veranstaltungen stattfinden: *St . d . on*

f) Zielort bei Fußballspielen: *. or*

g) sportliche Übung, um mehr leisten zu können: *T . ai . ing*

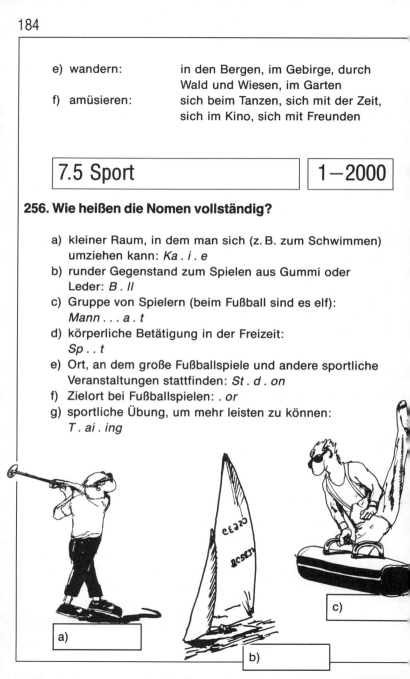

a)

b)

c)

$$2001 - 4000$$

7. Welche Sportart passt zu welcher Zeichnung?

Rad fahren	segeln	rudern	schießen	Ski laufen
reiten	turnen	tauchen	Tennis spielen	Golf spielen

d)

e)

f)

g)

h)

i)

j)

258. Was passt zusammen?

a) große Rasenfläche, kleiner Ball; Löcher:

b) etwas am schnellsten, am besten, am höchsten können:

c) Person, Sport, Wettbewerb beobachten, entscheiden, strafen:

d) draußen oder in der Halle, Wasser, Badeanzug:

e) Schnee, Sport, Berge:

f) 2 Spieler, kleiner Ball, Netz, hin und her schlagen:

g) Sport, Leistung, Konkurrenz, Anstrengung, gewinnen wollen:

A) Tennis

B) Schwimmbad

C) Wettbewerb

D) Golf

E) Rekord

F) Schiedsrichter

G) Ski laufen

a	b	c	d	e	f	g

8. Öffentliches Leben

8.1 Staat und Politik

1 – 2000

259. In jedem Satz fehlt ein Nomen!

| Heimat | Öffentlichkeit | | Demokratie |
| Ausländer | Staaten (Pl.) | Grenze | Wahl |

a) Die _____ zwischen den beiden Staaten ist seit einem Jahr geöffnet.

b) In Deutschland leben ca. 81 Millionen Menschen: 74 Millionen Deutsche und 7 Millionen _____ .

c) In den Zeitungen und in der _____ wird das neue Gesetz stark kritisiert.

d) Die letzte _____ hat die Regierungspartei mit 52,5% gewonnen.

e) Bis 1990 gab es in Deutschland zwei deutsche _____: die DDR und die Bundesrepublik, heute sind beide vereinigt.

f) In einer _____ wählt das Volk das Parlament in freien und geheimen Wahlen.

g) Viele Menschen mussten wegen des Krieges fliehen und haben dadurch ihre _____ verloren.

260. Drei Nomen passen zusammen, eins passt nicht dazu.

a) Verhandlung – Bürgermeister – Kanzler – Präsident

b) Gesetz – Regel – Macht – Vorschrift

c) Verhandlung – Wahl – Gespräch – Diskussion

d) Volk – Öffentlichkeit – Land – Bürger

e) Land – Republik – Staat – Freiheit

1. Wie heißen die Adjektive zu den folgenden Nomen?

a) Ausland   – _____

b) Freiheit   – _____

c) Staat   – _____

d) Demokratie   – _____

e) Politik   – _____

f) Gesetz   – _____

2001–4000

2. Welches Nomen passt?

Abgeordnete(r)   Außenminister(in)   Finanzminister(in)
Innenminister(in)   Kaiser(in)   König(in)   Spion(in)

a) in einer Regierung verantwortlich für die Einnahmen und Ausgaben des Staates: _____

b) in einer Regierung verantwortlich für die Beziehungen zu anderen Ländern: _____

c) in einer Regierung verantwortlich für die allgemeine Verwaltung des eigenen Staates:

_____

d) gewähltes Mitglied eines Parlaments: _____

e) oberste(r) Herrscher(in) in einer Monarchie:

_____ *(2 Lösungen)*

f) verrät geheime politische oder militärische Informationen: _____

263. Welches Nomen passt zu welcher Schlagzeile?

Unruhen	Nachfolger	Opposition
Propaganda	Reform	Gleichberechtigung
Stellvertreter	Abkommen	Rücktritt
Mehrheit	Demonstrationen	Koalition

a) Die Parteien der Mitte-Rechts-_____
   sind sich über die neuen Steuergesetze nicht einig.

b) Premierminister verteidigt sich gegen Vorwürfe: „Ich bin
   Opfer einer _____ von Presse und
   Fernsehen."

c) Der Konflikt zwischen Weißen und Schwarzen wird
   schärfer. _____ und _____
   in Südafrika. 200 Personen verhaftet.

d) Gewerkschaften fordern mehr _____
   von Männern und Frauen am Arbeitsplatz.

e) Keine _____ im Parlament. Regierung
   muss zurücktreten.

f) Leere Kassen in der Rentenversicherung. Opposition
   fordert eine gründliche _____.

g) Regierungskrise in Italien. Opposition fordert
   _____ des Ministerpräsidenten.

h) Der Streit zwischen Regierung und _____
   über die Schulgesetze geht weiter.

i) Neues Kultur-_____ zwischen der
   Bundesrepublik und Polen wird morgen unterzeichnet.

j) Premierminister entlässt Innenminister. Name des
   _____ noch unbekannt.

k) Ministerpräsident Olafson plötzlich gestorben. Sein
   _____ übernimmt vorübergehend die
   Regierungsgeschäfte.

264. Wie heißen die Gegensätze?

Königreich	Wahrheit	Kommunismus
Opposition	Unterdrückung	Innenpolitik

a) Ideologie – _____
b) Kapitalismus – _____
c) Freiheit – _____
d) Republik – _____
e) Regierung – _____
f) Außenpolitik – _____

5. Wie heißen die Adjektive zu diesen Nomen?

a) Bürger – _____
b) Inland – _____
c) Diplomat – _____
d) Kommunismus – _____
e) Kapitalismus – _____
f) Nation – _____
g) Sozialismus – _____
h) Unabhängigkeit – _____
i) König – _____

6. Wie passen die Dialogteile zusammen?

a) Kennst du seine politischen Ansichten?

b) In dieser Kleinstadt wohnen sehr viele Ausländer.

c) Was ist Ihrer Meinung nach das größte soziale Problem des Landes?

d) Warum streiten sich die Koalitionsparteien über das Demonstrationsrecht?

A) Die Arbeitslosigkeit bei Jugendlichen. Viele finden nach der Schule keinen Ausbildungsplatz.

B) Ich glaube, er ist sehr konservativ.

C) Die Konservativen sind der Meinung, dass die bestehenden Gesetze zu liberal sind.

D) Haben sie Probleme mit der einheimischen Bevölkerung?

a	b	c	d

8.2 Krieg und Frieden   1–2000

267. Welches Nomen passt zu welcher Wörterbuch-erklärung?

> Widerstand   Feind   Sieger
> Bedrohung   Frieden   Armee

a) _____ : ⟨*Militär*⟩ eine große, kleine ~; die
~ kämpft gegen den Feind; er will
zur ~ gehen, um Offizier zu werden; wie viele Soldaten hat diese ~?

b) _____ : ⟨*Gegner*⟩ ein gefährlicher, alter ~;
den ~ töten, hassen; er hat wenig
Freunde, aber viele ~e; Angst vor
dem ~ haben

c) _____ : ~ schließen; den ~ brechen, stören; nach dem langen Krieg haben
die beiden Länder endlich ~
geschlossen; sich ~ wünschen;
den ~ lieben

d) _____ : ein langer, harter, schwacher ~;
den ~ aufgeben; gegen die Feinde
~ leisten; gegen einen Befehl
~ leisten; ~ leisten gegen die
politische Unterdrückung

e) _____ : ⟨*Gefahr*⟩ eine starke, gefährliche ~;
die modernen Waffen sind eine
~ für alle Menschen; dieser inter-
nationale Konflikt ist eine ~ für
den Frieden; wegen der ~ durch
seine Feinde braucht das Land eine
starke Armee

f) _____ : ⟨*Gewinner*⟩ in diesem Krieg wird es
keinen ~ geben; welche Länder
waren ~ im 1. Weltkrieg?

8. Was passt zusammen?

a) einen Krieg gewinnen:
b) eine Stadt mit Bomben kaputt machen:
c) eine Pistole benutzen:
d) sich wehren, Widerstand leisten:

a	
b	
c	
d	

A) sich verteidigen
B) siegen
C) zerstören
D) schießen

9. Welches Bild passt zu welchem Nomen?

Bombe	Soldat	Waffen	Zerstörung

a)

b)

c)

d)

2001–4000

270. Drei Nomen passen zusammen, eins passt nicht dazu.

a) Großmacht – Soldat – Offizier – General
b) Armee – Truppe – Niederlage – Streitkräfte
c) Streit – Abrüstung – Konflikt – Kampf
d) Gewehr – Pistole – Kanone – Flüchtling
e) Kampf – Held – Schlacht – Krieg
f) Luftwaffe – Marine – Heer – Verbündeter

271. Welches Nomen passt?

Großmächte	Kugel	Niederlage	Alarm
Bundeswehr	Verbündete	Atombombe	Held(in)

a) Warnung vor einem Angriff/vor einer plötzlichen Bedrohung: _____

b) Waffe mit der größten Zerstörungskraft: _____

c) Name für die Armee in der Bundesrepublik: _____

d) politische Bezeichnung für Russland und die USA:

_____

e) eine Person, die besonders mutig ist: _____

f) das Metallstück, das durch eine Pistole abgeschossen wird: _____

g) zwei oder mehr Länder, die im Krieg gemeinsam kämpfen: _____

h) das Gegenteil von Sieg: _____

272. Was passt nicht?

a) angreifen: ein anderes Land, eine feindliche Armee, eine Stadt, einen Alarm

b) besetzen: ein Land, eine Stadt, eine Armee, ein Gebiet

c) besiegen: den Gegner, den Feind, eine Armee, die Flucht

d) erobern: ein Kommando, ein Land, feindliche
Waffen, ein Gebiet

e) fliehen: vor dem Feind, vor dem Frieden, aus
der Stadt, aus dem Gefängnis

f) marschieren: in den Krieg, in den Kampf, in die
Flucht, in die Schlacht

8.3 Kirche und Religion   1–2000

3. Ein Adjektiv passt nicht!

a) Einen anderen Menschen zu töten, ist für Christen eine
schwere/lange/große Sünde.

b) Ein religiöser Mensch hat einen *harten/festen/tiefen*
Glauben.

c) Er hat nichts Böses getan, deshalb hat er ein *gutes/
reines/ordentliches* Gewissen.

d) Sie ging in die Kirche, um ein *breites/langes/stilles*
Gebet zu sprechen.

4. Welches Nomen passt?

| Weihnachten | Bibel | Gottesdienst |
| Christ | Seele | Gott |

a) das höchste Wesen, zu dem die Menschen in vielen
Religionen beten: _____

b) religiöses Fest zum Geburtstag von Jesus Christus:
_____

c) Teil des Menschen, der nach christlichem Glauben nicht
sterben kann: _____

d) Angehöriger der christlichen Religion: _____

e) religiöses Buch der Christen: _____

f) christliche Feier in einer Kirche: _____

2001—4000

275. Welches Nomen passt?

a) ein hohes kirchliches Amt in der evangelischen und katholischen Kirche
☐ Christ ☐ Pfarrer ☐ Bischof

b) das Wesen, das für die Christen das Symbol des Bösen ist
☐ Teufel ☐ Hölle ☐ Sünde

c) dahin kommen die schlechten und bösen Menschen nach ihrem Tod, glauben die Christen
☐ Himmel ☐ Hölle ☐ Kirche

d) dahin kommen die guten und frommen Menschen nach ihrem Tod, glauben die Christen
☐ Himmel ☐ Seele ☐ Friedhof

e) das höchste religiöse Amt in der katholischen Kirche
☐ Priester ☐ Bischof ☐ Papst

f) mit diesem Fest feiern die Christen die Auferstehung von Jesus Christus nach seinem Tod
☐ Weihnachten ☐ Sonntag ☐ Ostern

g) Religion, die im 7. Jahrhundert n. Chr. von Mohammed gegründet wurde
☐ Islam ☐ Judentum ☐ katholische Kirche

h) die Katholiken glauben, dass es nur einen Gott gibt, der aber aus drei Wesen besteht: Gott Vater, Gott Sohn und ...
☐ Mutter Gottes ☐ Heiliger Geist ☐ Papst

8.4 Schule und Ausbildung | 1–2000

. Wie nennt man ...?

a) die freien Tage oder Wochen, in denen die Schüler nicht zur Schule gehen müssen: . er . . n
b) eine Gruppe von Schülern, die jeden Tag zusammen Unterricht hat: . la . se
c) die Zeit zwischen zwei Unterrichtsstunden in der Schule: . au . e
d) die Zeit, in der man einen Beruf lernt oder studiert: A . sb . . . un .
e) das Lernen an der Universität: . tu . . um
f) die jungen Leute, die eine Universität besuchen und dort studieren: St . . . . t . n
g) die Sache, über die man (z. B. in einer Diskussion) spricht: Th . . a

7. Welches Nomen passt?

Übung	Kurs	Aufmerksamkeit	Text	Schule

a) _____ : ⟨Konzentration auf eine Sache⟩ mit großer ~ zuhören, beobachten; die Zuhörer um ~ bitten

b) _____ : einen ~ für Deutsch als Fremdsprache besuchen; an einem ~ teilnehmen

c) _____ : jeden Tag zur ~ gehen; mit 6 Jahren zur ~ kommen; Lehrer an einer ~ sein

d) _____ : einen ~ ins Deutsche übersetzen; einen ~ lesen,
schreiben; einen schwierigen
~ nicht verstehen

e) _____ : eine ~ zum Perfekt machen;
eine leichte, schwierige, langweilige ~

2001–4000

278. Ordnen Sie die Nomen.

Institut   Gymnasium   Schüler   Heft   Papier
Klasse   Semester   Student   Füller   Kugelschreiber
Hausaufgabe   Universität   Hochschule   Professor

a) zum Schreiben	b) Studium	c) Schule

Ergänzen Sie die fehlenden Nomen.

| Fehler | Prüfung | Lösung | Note | Zeugnis | Test |

Carmen hat letzte Woche ihre (a) _____ für das Zertifikat Deutsch als Fremdsprache bestanden. Nur im Grammatik- (b) _____ hat sie zwei (c) _____ gemacht, sonst waren alle ihre (d) _____ richtig. Dafür hat sie die (e) _____ ‚sehr gut' bekommen. Die Lehrerin verteilt die (f) _____ in der letzten Unterrichtsstunde des Kurses.

280. Wie passen die Satzteile zusammen?

a) Der Test war sehr schwer;

A) nächstes Jahr kommt noch eine dritte Fremdsprache dazu.

b) Unser Sohn lernt in der Schule Englisch und Französisch;

B) deshalb kann ich nicht lesen, was an der Tafel steht.

c) Ich habe meine Brille vergessen;

C) ich konnte nur die Hälfte der Aufgaben lösen.

d) In den nächsten Monaten habe ich wenig Zeit;

D) ich muss mich auf mein Examen vorbereiten.

a	b	c	d

9.1 Stadt und Dorf

1 – 2000

281. Was sind Namen für Gebäude? Was ist kein Gebäude?

| Hochhaus | Gemeinde | Straße | Kirche | Bauernhof |
| Platz | Dorf | Ort | Schule | Siedlung | Stadt | Sporthalle |

a) Das sind Gebäude: _____

b) Das sind keine Gebäude: _____

282. Zu jedem Bild passt ein Nomen!

| Dorf | Straße | Platz | Siedlung | Stadt | Halle |

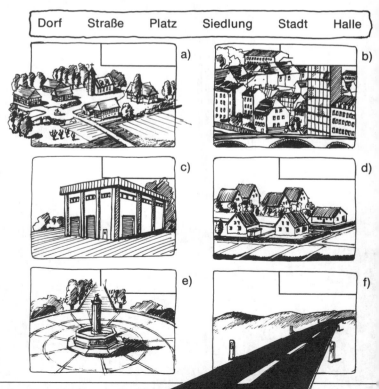

2001–4000

Welches Nomen passt?

| Großstadt | Stall | Bauernhof | Rathaus |

a) Industrie – Fabrik : Landwirtschaft – _____
b) Mensch – Haus : Vieh – _____
c) Kreisverwaltung – Kreisamt : Stadtverwaltung – _____

d) ab 20000 Einwohnern – Stadt : ab 100 000 Einwohnern – _____

Zu jedem Bild passt ein Nomen!

| Brunnen | Denkmal | Mühle | Ruine | Schloss | Turm |

285. Welches Nomen passt?

a) Eine Straße, an der auf beiden Seiten Bäume stehen,
   nennt man _____. *(Hauptstraße/
   Waldweg/Allee)*

b) Jens und Inge wollen sich ein Haus bauen. Ein
   _____ haben sie schon gefunden; es
   liegt am Stadtrand und soll 50 DM pro m² kosten.
   (Grundstück/Land/Boden)

c) □ Wohnen Sie direkt im Zentrum von Frankfurt?
   ○ Nein, die Mietpreise in der Innenstadt sind zu hoch.
     Wir wohnen in Dörnigheim; das ist ein _____
     von Frankfurt. *(Bezirk/Vorort/Landkreis)*

d) □ Was machen wir morgen?
   ○ Wenn du Tiere magst, können wir in den
     _____ gehen. *(Zoo/Park/Dom)*

e) Das Haus liegt in einer sehr schönen _____.
   In der Nähe ist ein Wald und ein kleiner See, wo man
   auch baden kann. *(Bezirk/Umgebung/Platz)*

f) Die viertägige Wanderung in den Alpen hat uns viel
   Spaß gemacht. Zwei Nächte haben wir in unserem Zelt
   geschlafen und einmal haben wir in einer
   Berg_____ übernachtet. *(...haus, ...hütte,
   ...ruine)*

9.2 Landschaft | 1–2000

6. Wo sehen Sie eine Insel, eine Wiese...?

> Gebirge   See   Ufer   Insel   Wald   Wiese   Weg
> Landstraße   Fluss   Brücke   Hügel   Berg   Felsen   Feld

A) _____   H) _____
B) _____   I) _____
C) _____   J) _____
D) _____   K) _____
E) _____   L) _____
F) _____   M) _____
G) _____   N) _____

287. In jedem Satz fehlt ein Nomen!

Gegend	Park	Küste	Tal
	Gelände	Land	Aussicht

a) Im Fernsehturm gibt es ein Café. Von dort hat man eine
   sehr gute _____ auf die Stadt.

b) Sylt ist eine Insel vor der deutschen Nordsee – _____.

c) Mitten in der Stadt ist ein großer _____, mit
   viel Rasen und schönen Wegen, wo man Rad fahren,
   Ball spielen oder Picknick machen kann.

d) □ Es war ein herrlicher Urlaub; wir haben drei Wochen
      in der Sonne gelegen.
   ○ In welchem _____ wart ihr denn?

e) Köln und Düsseldorf kenne ich gut. Ich bin oft beruflich
   in dieser _____.

f) □ Was ist das für ein freier Platz am Ortsende?
   ○ Das ist ein Sport –_____.

g) Zwischen den beiden Bergen liegt ein enges
   _____.

2001 – 4000

288. Worin steht oder fließt Wasser?

Sand	Kanal	Bach	Wüste	Burg
See	Strom	Teich	Erdboden	Klippe

Wasser:	kein Wasser:
_____	_____
_____	_____
_____	_____
_____	_____

9. Welches Nomen passt?

a) Schau mal, wie schön die Sonne am _____ untergeht! *(Erdboden/Horizont/Kontinent)*

b) Saudi-Arabien besteht zum größten Teil aus _____. *(Wüste/Erde/Schlamm)*

c) Man kann hier im Fluss baden, aber es ist gefährlich, weil die _____ sehr stark ist. *(Flut/Wassertemperatur/Strömung)*

d) Unsere Bergwanderung war sehr anstrengend, weil wir nicht den richtigen Weg gefunden haben. Zum Schluss sind wir noch einen steilen _____ hinuntergerutscht, und Peter hat sich dabei am Bein verletzt. *(Abhang/Stein/Erdboden)*

e) Sie können nicht mit dem Auto zur Burg fahren. Es führt nur ein schmaler _____ hinauf. *(Graben/Felsen/Pfad)*

f) Unser Ferienhaus liegt an einer Steilküste. Wenn man auf den _____ steht, kann man weit aufs Meer hinaussehen. *(Klippen/Gipfel/Höhlen)*

9.3 Natur: Allgemeines | 1–2000

10. Wie heißen die Himmelsrichtungen?

A) _____
B) _____
C) _____
D) _____

291. Zu jeder Himmelsrichtung gehört ein Adjektiv.

a) Der Wind kommt heute aus _____ Richtung. *(Osten)*

b) Wiesbaden liegt _____ von Frankfurt. *(Westen)*

c) Die _____ Länder haben nur einen kurzen Sommer. *(Norden)*

d) Mein Mann liebt Skandinavien, aber ich fahre im Urlaub lieber in _____ Länder. *(Süden)*

292. Zu welchen Wörterbucherklärungen passen die Nomen?

Erde	Himmel	Stein	Land	Sonne	Luft
Wasser		Meer		Temperatur	Licht

a) _____ , die: **1.** gute, harte, weiche, feuchte, trockene ∼; die ∼ in unserem Garten ist gut für Gemüsepflanzen; **2.** der Schlüssel ist auf die ∼ gefallen; die Hose liegt auf der ∼; **3.** die Bewohner der ∼; die ∼ ist rund und dreht sich um die Sonne; auf der ∼ leben über 5 Milliarden Menschen

b) _____ , das: **1.** Bau∼, Acker∼; gutes, trockenes, feuchtes ∼; das ∼ gehört unserem Nachbarn; ein Stück ∼ kaufen; **2.** flaches, ebenes, gebirgiges ∼; nur ein Drittel der Erde ist festes ∼; es gibt Tiere, die im Wasser und auf dem ∼ leben; **3.** wir leben in einem Bauernhof auf dem ∼; das Leben in der Stadt ist interessanter als das Leben auf dem ∼; **4.** ⟨*Staat*⟩ ein sozialistisches, kapitalistisches, demokratisches ∼; Belgien ist ein ∼ in Europa

c) _____ , das: kaltes, warmes, heißes, sauberes, schmutziges, klares, hartes, weiches ∼; Trink-∼; ∼ zum Waschen, Trinken, Baden

d) _____ , die: eine hohe, tiefe, niedrige, angenehme ∼; die ∼ im Schatten; welche ∼ hat das Wasser im Mittelmeer?; die Luft-∼

e) _____ , der: **1.** ein spitzer, runder ~; einen ~ ins Wasser werfen; mit einem ~ die Fensterscheibe einwerfen; **2.** ein Haus aus ~; eine Treppe aus ~

f) _____ , die: gute, frische, schlechte ~; an der frischen ~ spazieren gehen; die See~ ist sehr gesund; im hinteren Fahrradreifen fehlt ~

g) _____ , das: helles, schwaches, weißes, künstliches, elektrisches ~; das ~ einer Lampe, einer Kerze; Sonnen-~; das ~ anmachen, ausmachen

h) _____ , der: ein blauer, grauer, dunkler, wolkenloser ~; die Sterne am ~; die Sonne steht hoch am ~; die Wolken am ~

i) _____ , das: das weite, blaue, endlose ~; mit dem Schiff übers ~ fahren; im ~ baden

j) _____ , die: die heiße, strahlende, brennende, untergehende ~; heute scheint die ~; die Kraft, die Wärme der ~

3. Zu jedem Bild passt ein Nomen!

a)
A	Gipfel
B	Höhepunkt
C	Größe

b)
A	Sonne
B	Mond
C	Erde

c) A Bach
    B Teich
    C Ozean

d) A Dunkelheit
    B Nacht
    C Schatten

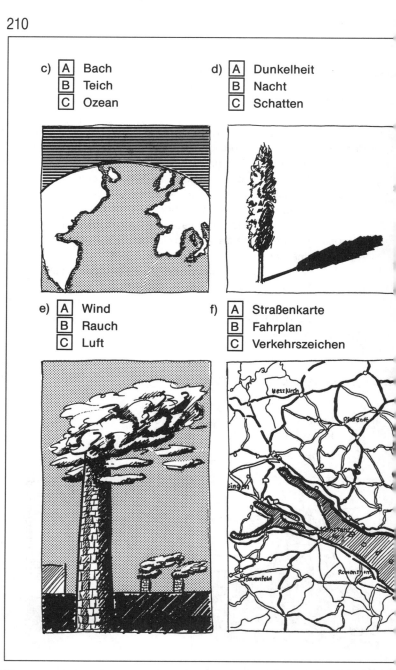

e) A Wind
    B Rauch
    C Luft

f) A Straßenkarte
    B Fahrplan
    C Verkehrszeichen

2001−4000

4. In jedem Satz fehlt ein Begriff!

Weltall	Festland	Kontinent	Schlamm
Planet	Strand	Pol	Ebbe und Flut

a) Die Erde ist ein _____.

b) Der nördlichste Punkt der Erde heißt Nord – _____.

c) Australien wird auch der fünfte _____ genannt.

d) Nach dem langen Regen waren die Wege so schlecht, dass wir unsere Fahrräder durch den _____ schieben mussten.

e) Kein Mensch weiß genau, wie groß das _____ ist.

f) Meine Freundin ist auf einer Nordseeinsel aufgewachsen. Nur ganz selten fuhr sie mit ihren Eltern zum Einkaufen aufs _____.

g) Zum Baden ist das Meer zu kalt, aber wir können am _____ spazieren gehen.

h) Jens macht gern Urlaub an der Nordsee, weil er den Wechsel von _____ interessant findet.

9.4 Tiere | 1–2000

295. Welcher Buchstabe gehört zu welchem Tier? Ergänzen Sie auch die Artikel!

( ) _____ Hund ( ) _____ Kalb ( ) _____ Kuh
( ) _____ Katze ( ) _____ Pferd ( ) _____ Schwein
( ) _____ Vogel ( ) _____ Insekt ( ) _____ Fisch

2001–4000

6. Jeweils zwei Antworten sind richtig:

a) Welche Tiere haben keine Flügel?
   Biene – Ente – Ochse – Schmetterling – Taube – Ziege –
   Fliege

b) Welche Tiere haben keinen Schwanz?
   Wurm – Elefant – Löwe – Maus – Fliege – Ratte – Wolf

c) Welche Tiere haben keine Federn?
   Ente – Kaninchen – Gans – Hahn – Henne – Taube –
   Lamm

d) Welche Tiere haben kein Fell?
   Kaninchen – Maus – Schaf – Ratte – Katze – Hund –
   Schlange – Fisch

e) Welche Tiere legen keine Eier?
   Elefant – Ente – Gans – Huhn – Taube – Wolf

7. Wie passen die Dialogteile zusammen?

a)	Womit fütterst du deine Katze?	A)	Welche Rasse denn?
b)	Meine Freundin hat sich einen Hund gekauft.	B)	Lieber nicht; vielleicht beißt es doch!
c)	Hast du ein Hobby?	C)	Sie frisst eigentlich alles, sogar Käse und Obst.
d)	Warum bellt der Hund?	D)	Nein, hier leben viele wild.
e)	Ich habe ein Kaninchen im Garten gesehen. Ist das euer Haustier?	E)	Ja, ich züchte Fische.
f)	Das Pferd ist ganz zahm. Du kannst es ruhig anfassen.	F)	Ich glaube, er hat den Briefträger gehört.

a	b	c	d	e	f

298. Welcher Buchstabe gehört zu welchem Tier? Ergänzen Sie auch die Artikel.

( ) _____ Affe   ( ) _____ Kaninchen   ( ) _____ Schlange
( ) _____ Biene   ( ) _____ Lamm   ( ) _____ Schmet-
( ) _____ Elefant   ( ) _____ Löwe   terling
( ) _____ Ente   ( ) _____ Maus   ( ) _____ Taube
( ) _____ Gans   ( ) _____ Schaf   ( ) _____ Wolf
( ) _____ Hahn   ( ) _____ Wurm
( ) _____ Henne   ( ) _____ Ziege

9.5 Pflanzen

1–2000

9. Was passt zusammen?

| Baum | Ernte | Getreide | Blume | Wurzeln (Pl.) | Gras |

a) Farbe, Geruch, Blüte, schön: _____
b) Blätter, Zweige, groß, hoch: _____
c) Wiese, Rasen, grün, mähen: _____
d) Pflanze, Wasser, Nahrung, Erde, tief: _____
e) Herbst, Früchte, Getreide, reif: _____
f) Pflanze, Brot, Mehl: _____

2001–4000

10. Was passt zusammen?

a) rund, rot, Salat, Soße: _____
b) Obst, grün, blau, Wein: _____
c) Blumen, Rosen, viele, schenken: _____
d) Baum, Teil, dick, rund, hoch: _____
e) klein, Erde, säen, wachsen: _____

Strauß
Samen
Traube
Tomate
Stamm

9.6 Wetter und Klima

1–2000

11. Wie ist die Temperatur?

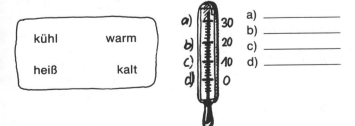

| kühl | warm |
| heiß | kalt |

a) 30
b) 20
c) 10
d) 0

a) _____
b) _____
c) _____
d) _____

302. In jedem Satz fehlt ein Nomen!

Frost	Hitze	Klima	Kälte	Nebel
Schnee	Sturm	Tropfen	Wind	Wolke

a) Draußen weht ein starker _____; zieh dir lieber einen Schal an.

b) Das Thermometer zeigt nur noch 2 Grad Celsius. Heute Nacht wird es sicher _____ geben.

c) Wir waren im Sommer in Südspanien. Mittags war die _____ immer so groß, dass wir im kühlen Haus bleiben mussten.

d) Es fängt an zu regnen; die ersten _____ fallen schon.

e) In den Weihnachtsferien wollen wir Ski laufen; hoffentlich gibt es genug _____.

f) England hat ein feuchtes _____, es regnet häufig.

g) Das Wetter ist heute sehr schön; die Sonne scheint und keine _____ ist am Himmel.

h) Es ist 12 Grad unter Null! Bei dieser _____ willst du einen Spaziergang machen?

i) Der Wind wird immer stärker, hoffentlich gibt es keinen _____!

j) Sei bitte ganz vorsichtig, wenn du nach Hause fährst. Draußen ist dichter _____, man kann kaum etwas sehen.

$$2001-4000$$

303. Was passt zusammen?

a) Gewitter: _____

b) Kälte: _____

c) Regen: _____

d) Wärme: _____

e) Hochwasser: _____

| Sonnenschein |
| Katastrophe |
| Blitz und Donner |
| Eis |
| Schauer |

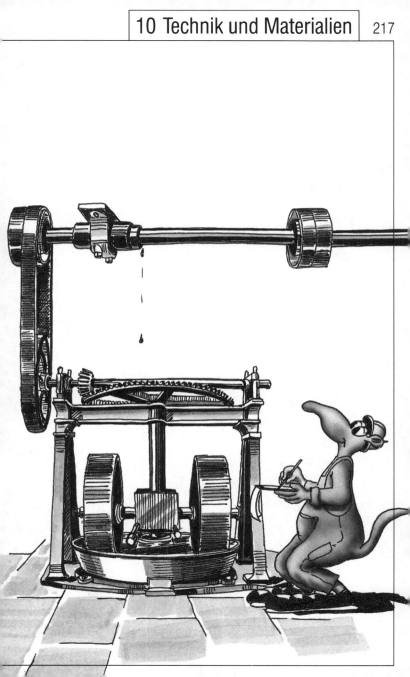

10 Technik und Materialien
10.1 Technik | 1—2000

**304. Was passt: ‚-apparat‘, ‚-maschine‘, ‚-motor‘, oder
‚-automat‘?**

a) Wasch-
   Näh-
   Schreib-
   Bohr-
   Brotschneide-
   Spül-
   _____

b) Rasier-
   Foto-
   Fernseh-
   Telefon-
   Radio-
   _____

c) Elektro-
   Auto-
   Benzin-
   Diesel-
   _____

d) Zigaretten-
   Spiel-
   Getränke-
   Geld-
   _____

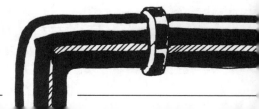

5. Was passt nicht?

a) anmachen/ausmachen: Schalter, Licht, Pumpe, Lärm, Waschmaschine

b) funktioniert gut/schlecht: Computer, Apparat, Motor, Maschine, Glas

c) ist an/ ist aus: Licht, Technik, Strom, Motor, Rasierapparat, Pumpe

d) leuchtet: Licht, Kerze, Holz, Lampe, Feuer

6. Welches Adjektiv passt?

| automatisch | dicht | elektrisch | technisch |

a) Es riecht nach Gas. Vorsicht, vielleicht ist die Gasleitung nicht _____ !

b □ Hast du eben das Licht angemacht?
  ○ Nein, das Licht schaltet sich _____ ein, wenn man die Tür aufmacht.

c) Am Wochenende waren wir in einer Berghütte. Das Wasser mussten wir aus einem Bach holen, und natürlich gab es auch kein _____ Licht.

d) Peter hat meine Waschmaschine repariert. Er versteht sehr viel von _____ Dingen.

2001−4000

307. Was passt zusammen?

> Dichtung   Rost   Gebrauchsanweisung   Brett
> Elektrizität   Verfahren   Konstruktion

a) Holz, geschnitten, dick, dünn: _____

b) Strom, Kabel, Energie: _____

c) Maschine, Funktion, Erklärung: _____

d) Plan, Zeichnung, Ingenieur: _____

e) Metall, alt, Feuchtigkeit, Luft: _____

f) Wasserhahn, tropfen, defekt: _____

g) machen, Methode, Plan: _____

308. In jedem Satz fehlt ein Nomen!

> Lautsprecher   Modell   Kapazität
>   Atomenergie   Spannung

a) In Deutschland wird mit verschiedenen Methoden Strom
   erzeugt: mit Wasser, Kohle und _____ .

b) □ Was hat dein Plattenspieler gekostet?
   ○ 350 DM, und für die beiden _____ habe
   ich je 100 DM bezahlt.

c) Der neue Computer ist noch nicht auf dem Markt, aber
   auf der Messe kann man sich schon ein _____
   ansehen.

d) Du kannst den Elektrozaun ruhig anfassen; es ist nicht
   gefährlich, weil die _____ sehr niedrig ist.

e) □ Wieviel Bites hat euer Bürocomputer?
   ○ Ich weiß es nicht genau; jedenfalls hat er eine ziemlich große _____ .

10.2 Materialien | 1–2000

9. Was passt zusammen?

a) heizen, Brennstoffe:
b) wertvoll, Schmuck, Edelmetalle:
c) Kunststoff, leicht, bunt, preiswert:
d) Schuhsohle, Reifen, Dichtung, Spielzeug, wasserdicht, rostet nicht:
e) Schaf, warm, weich, stricken:
f) Baustein, Hausdach, hart
g) Metall, hart, schwer

A) Gummi
B) Eisen, Stahl
C) Ziegel
D) Holz, Kohle, Öl
E) Plastik
F) Gold, Silber
G) Wolle

a	b	c	d	e	f	g

10. Wie heißt das Gegenteil?

> flüssig   trocken   weich   alt   leicht   kalt   fein

a) Sand mit kleinen Steinen: grob
   Sand ohne Steinchen: _____
b) Butter im Kühlschrank: fest
   Butter in der heißen Pfanne: _____
c) Auto, gerade gekauft: neu
   Auto, zwölf Jahre gefahren: _____
d) Wiese im Regen: nass
   Wiese im Sonnenschein: _____
e) Asche im brennenden Ofen: heiß
   Asche im unbenutzten Ofen: _____
f) nasses Holz: schwer
   trockenes Holz: _____
g) Gummi bei 3 Grad minus: hart
   Gummi bei 30 Grad plus: _____

$$\boxed{2001-4000}$$

311. Welches Adjektiv passt?

a) Bitte stellen Sie die schwere Maschine nicht auf diesen Tisch; er ist dafür nicht _____ genug. *(grob/stabil/hart)*

b) Das Schmuckstück ist aus _____ Gold. *(reinem/gutem/feinem)*

c) Ich habe einen Knopf am Mantel verloren. Er war schon seit einiger Zeit _____. *(lahm/leicht/lose)*

d) Der Stuhl muss repariert werden; ein Bein ist _____. *(leicht/locker/leer)*

11 Reise und Verkehr
11.1 Reise

1 – 2000

312. In diesem Brief fehlen 18 Nomen! Welches passt wohin?

Gepäck	Abfahrt	Hotel	Stadtplan	Busreise
Ankunft (2×)	Abreise	Aufenthalt	Passagier
Platzkarte	Rasthaus	Verpflegung	Ausland
Pass	Übernachtung	Koffer	Ticket

Herrn
Uwe Korall
Bernerstraße 12
2 6123 Oldenburg

FAHR-MIT BUSREISEN

FAHR MIT Busreisen

Reisenummer: 850 B nach Wien

Liebe Mitfahrer,
wir freuen uns, dass Sie sich für eine
a) _____ mit uns entschieden haben.

Anbei nun einige wichtige Informationen:
b) _____ am 6. 8. um 8.00 Uhr vor unserem
Stadtbüro. Bitte seien Sie pünktlich.

c) _____ in München um ca. 15.30 Uhr.
Dort haben Sie zwei Stunden d) _____ ,
um sich die Innenstadt anzusehen. Danach Weiter-
fahrt nach Rosenheim. Dort e) _____ in
einem guten f) _____ .
g) _____ am nächsten Tag um 7.00 Uhr.
h) _____ in Wien gegen 12.00 Uhr. Dort
Unterkunft im ‚Grinzinger Hof'.
Adresse: Bauernmarkt 22, 1. Bezirk.
Bitte denken Sie an folgende Dinge:

1. Während der Fahrt nach München gibt es nur ein
   kurzes Mittagessen in einem i) _____
   an der Autobahn. Zusätzliche j) _____
   müssen Sie selbst mitbringen.
2. Wir fahren nach Österreich ins k) _____ . Für
   die Grenzkontrolle brauchen Sie deshalb Ihren
   l) _____ oder Personalausweis. Nicht vergessen!
3. Aus Platz- und Gewichtsgründen kann jeder
   m) _____ nur einen n) _____
   (max. 30 kg) mitnehmen. Für zusätzliches
   o) _____ ist der Kofferraum unseres
   Busses nicht groß genug.
4. Vor der Abfahrt kontrollieren wir Ihr
   p) _____ und Ihre q) _____ , also
   nicht vergessen mitzubringen!
5. Für Ihre Spaziergänge in Wien sollten Sie einen
   r) _____ von Wien mitnehmen.

Das waren die wichtigsten Informationen für Ihre
Wienreise. Wir wünschen Ihnen viel Spaß und hoffen,
dass es Ihnen in der österreichischen Hauptstadt gefallen wird.

> Herzliche Grüße
> FAHR MIT Busreisen

313. Zu welcher Wörterbucherklärung passen die Verben?

> ankommen packen verpassen
> übernachten verreisen

a) _____ : ⟨*zu spät kommen*⟩ die U-Bahn ~;
den Zug ~; das Flugzeug ~

b) _____ : Kleider in den Koffer ~; die Reise-
tasche ~; wir müssen für die Reise
noch ~

c) _____ : allein, mit der Familie, zu zweit ~;
morgen, nächste Woche ~; für drei
Wochen ~; zwei Wochen lang ~

d) _____ : ⟨*schlafen*⟩ im Hotel, bei Freunden
~; du kannst in unserem Gästezim-
mer ~

e) _____ : am Reiseziel ~; am Urlaubsort ~;
zu spät am Bahnhof ~; um 17.30
Uhr in Stuttgart ~

$$2001-4000$$

314. Welches Nomen passt am besten dazu?

> Campingplatz Rückfahrkarte Station
> Reisebüro Visum Zimmervermittlung

a) Geschäft, buchen, Reisen, Fahrkarten, Prospekte:
_____

b) Zelt, übernachten, Wiese: _____

c) Ausland, Einreise, Erlaubnis, Pass, Stempel:
_____

d) fremde Stadt, Hotels, Pensionen, übernachten, Auskunft: _____

e) Zug, Bus, U-Bahn, einsteigen, aussteigen, umsteigen:
_____

f) Bus, Bahn, Ticket, hin und zurück: _____

5. In jedem Satz fehlt ein Nomen!

Besichtigung	Heimfahrt	Abflug	Einreise
Saison		Rückkehr	Führer

a) Das Flugzeug startet um 14.32 Uhr. Wir müssen eine
   Stunde vor dem _____ am Flughafen sein.

b) Bei der _____ nach Italien mussten wir an
   der Grenze zwei Stunden warten.

c) Heute haben wir eine Stadtrundfahrt gemacht, und für
   morgen ist die _____ einer Kirche und eines
   Museums geplant.

d) Das Schloss kann man nur mit einem _____
   besichtigen.

e) Auf der _____ hatten wir sehr viel Verkehr;
   wir waren erst nach Mitternacht zu Hause.

f) Mein Kollege ist für zwei Wochen verreist. Nach seiner
   _____ kann ich Urlaub machen.

g) Im Sommer ist es überall sehr voll, deshalb verreisen
   wir lieber vor oder nach der _____.

6. Welches Verb passt?

a) im Restaurant einen Tisch
   _____

b) im Reisebüro eine Flugreise
   _____

c) im Hotel den Koffer
   _____

d) während der Reise dreimal
   _____

e) an der Grenze drei Flaschen
   Alkohol _____

f) in letzter Minute den Zug
   _____

buchen
verzollen
umsteigen
auspacken
erreichen
reservieren

11.2 Straßenverkehr $\quad$ 1–2000

317. Welches Nomen passt zu welchem Bild?

| Ampel | Kreuzung | Verkehrsschild | Kurve |

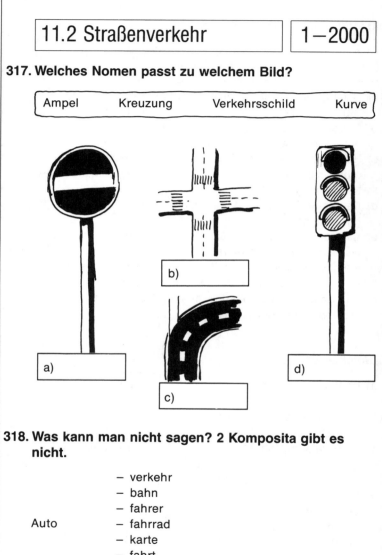

a)

b)

c)

d)

318. Was kann man nicht sagen? 2 Komposita gibt es nicht.

Auto
- verkehr
- bahn
- fahrer
- fahrrad
- karte
- fahrt
- fußgänger
- unfall

9. In jedem Satz fehlt ein Nomen!

| Taxi | Ausfahrt | Fußgänger | Fahrrad |
| Umleitung | Geschwindigkeit |

a) Wir sind gleich da; bei der nächsten _____
   müssen wir die Autobahn verlassen.

b) Wenn das Wetter schön ist, fahre ich mit dem
   _____ ins Büro. Sonst nehme ich die U-Bahn.

c) Draußen ist starker Nebel. Bei der Heimfahrt hätte ich
   fast einen _____ überfahren.

d) Mein Kollege hatte einen Autounfall; er ist mit zu hoher
   _____ gefahren.

e) Als es anfing zu regnen, haben wir ein _____
   genommen und uns nach Hause fahren lassen.

f) Die Rheinstraße ist wegen Bauarbeiten gesperrt. Man
   muss deshalb auf dem Weg zur Innenstadt eine
   _____ fahren.

10. Was passt nicht?

a) abbiegen: nach links, nach rechts, geradeaus, in die nächste Seitenstraße

b) anhalten: ein Taxi, einen Unfall, ein Auto, den Verkehr

c) parken: auf einem Parkplatz, in einem Parkhaus, das Auto, den Fußgänger

d) stoppen/ halten: an der Kreuzung, am Lenkrad, an der Ampel, an der Unfallstelle

e) fahren: langsam, schnell, leicht, mit hoher Geschwindigkeit

2001−4000

321. Welche Nomen haben die gleiche (sehr ähnliche) Bedeutung?

a) Tempo
b) Fahrkarte
c) Verkehrszeichen

d) Haltestelle
e) Zusammenstoß
f) Geschwindigkeitsbeschränkung auf 100 km/h

A) Fahrschein
B) Unfall
C) Höchstgeschwindigkeit 100 km/h
D) Geschwindigkeit
E) Verkehrsschild
F) Station

a	b	c	d	e	f

322. Wie passen die Dialogteile zusammen?

a) Warum wurde dein Auto von der Polizei abgeschleppt?

b) Wie ist der Unfall passiert?

c) Haben wir die Ausfahrt verpasst?

d) Warum fährst du nicht auf die linke Spur? Dann können wir den Lastwagen überholen.

e) War der Zug voll?

A) Ja, ich glaube, wir sind daran vorbeigefahren.

B) Nein, in meinem Abteil war außer mir nur ein Fahrgast.

C) Ich hatte vor einer Einfahrt geparkt.

D) Der Busfahrer hat die Vorfahrt nicht beachtet.

E) Das lohnt sich nicht. Wir müssen gleich rechts abbiegen.

a	b	c	d	e

11.3 Kraftfahrzeuge | 1–2000

3. Welches Nomen passt zu welchem Bild?

Auto/Wagen   Traktor   Bus   Motorrad
Lastwagen/Lkw   Moped

a)

b)

c)

d)

e)

f)

324. Was passt zusammen?

| Panne | Parkplatz | Tankstelle | Reparatur |

a) Benzin, Diesel, tanken, bezahlen: _____
b) Autowerkstatt, Mechaniker, Werkzeug: _____
c) fahren, unterwegs, Schaden, Hilfe brauchen: _____
d) fahren, halten, aussteigen, weggehen: _____

$$2001-4000$$

325. Was ist das?

| Kofferraum | Anhänger | Rücklicht | Scheinwerfer |

6. Welches Nomen passt?

> Bremse   Führerschein   Moped   Parkuhr
> Traktor   Werkstatt   Baujahr

a) Fahrzeug in der modernen Landwirtschaft: _____
b) kleines Motorrad: _____
c) Gerät auf einem Parkplatz, das die bezahlte Parkzeit misst: _____
d) technisches Mittel, mit dem man Fahrzeuge stoppt: _____
e) Ausweis, der als Fahrerlaubnis gilt: _____
f) Halle, in der Autos repariert werden: _____
g) Jahr, in dem ein Auto hergestellt wurde: _____

11.4 Eisenbahn, Flugzeug, Schiff | 1–2000

7. Welche Ergänzung passt?

> Hafen   Pilot   Abfahrt   Bahnhof
> Untergrundbahn   landen   starten   fliegen

a) Eisenbahn – fahren : Flugzeug – _____
b) Flugzeug – Flughafen : Eisenbahn– _____
c) Flugreise – Abflug : Schiff – _____
d) Schiff – Kapitän : Flugzeug – _____
e) über der Erde – Straßenbahn : unter der Erde: _____
f) Flugzeug – Flugplatz : Schiff – _____
g) Boot – abfahren : Flugzeug – _____
h) Zug – ankommen : Flugzeug – _____

328. Welche Wörter passen zu ‚Schiff‘ und welche zu ‚Flugzeug‘?

landen	auslaufen	Seereise	Wrack
untergehen	Matrose	Flugreise	Flugbesatzung
versinken	abstürzen	anlegen	abfliegen

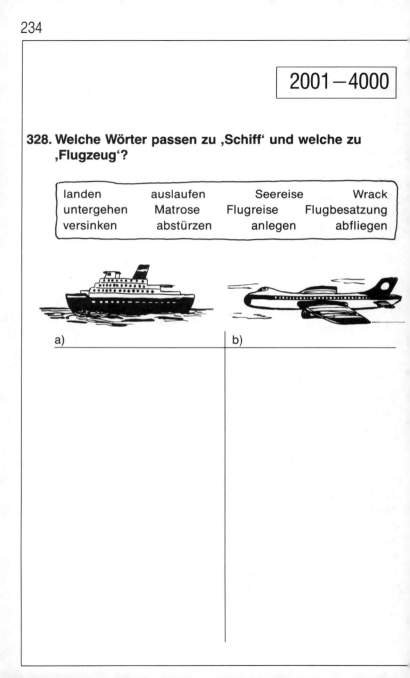

a)

b)

12   Länder und Völker

12.1 Geographische Namen | 1–4000

329. Wie heißen diese europäischen Länder?

Deutschland, Großbritannien, Schweiz, Weißrussland, Österreich, Belgien, Dänemark, Frankreich, Griechenland, Irland, Italien, Tschechische Republik, Niederlande, Norwegen, Polen, Portugal, Schweden, Spanien, Türkei, Ungarn, Finnland, Slowakei, Rumänien, Russland, Bulgarien

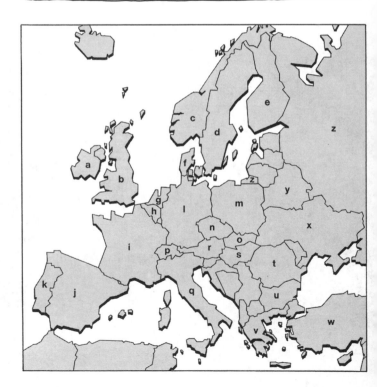

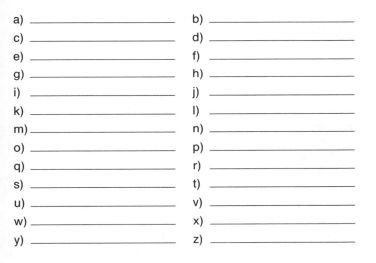

a) _____ b) _____

c) _____ d) _____

e) _____ f) _____

g) _____ h) _____

i) _____ j) _____

k) _____ l) _____

m) _____ n) _____

o) _____ p) _____

q) _____ r) _____

s) _____ t) _____

u) _____ v) _____

w) _____ x) _____

y) _____ z) _____

0. Wie heißen die fünf Kontinente auf Deutsch?

a) Af . . . a   b) A . . ri . .   c) As . . n

d) Aus . . . . . . n   e) E . . o . .

12.2 Nationalitäten, Bewohner, Sprachen | 1 – 2000

1. Ergänzen Sie bitte.

a) Er/Sie ist in Amerika geboren.

Er/Sie ist _____ .

Er/Sie hat _____ Eltern.

Er/Sie spricht _____ .

b) Er/Sie ist in Österreich geboren.

Er/Sie ist _____ .

Er/Sie hat _____ Eltern.

Er/Sie spricht _____ .

c) Er/Sie ist in England geboren.
   Er/Sie ist _____ .
   Er/Sie hat _____ Eltern.
   Er/Sie spricht _____ .
d) Er/Sie ist in Großbritannien geboren.
   Er/Sie ist _____ .
   Er/Sie hat _____ Eltern.
e) Er/Sie ist in Deutschland geboren.
   Er/Sie ist _____ .
   Er/Sie hat _____ Eltern.
   Er/Sie spricht _____ .
f) Er/Sie ist in Saudi-Arabien geboren.
   Er/Sie ist _____ .
   Er/Sie spricht _____ .
g) Österreich, Großbritannien und Deutschland sind Länder
   in Europa. Österreicher, Briten und Deutsche sind

   _____ .

   Sie sprechen _____ Sprachen.

2001−4000

332. Ergänzen Sie die Tabelle.

Er	Sie	Nationalität
a) Türke	_____	_____
b) Chinese	_____	_____
c) Franzose	_____	_____
d) Grieche	_____	_____
e) Holländer	_____	_____
f) Inder	_____	_____
g) Ire	_____	_____
h) Italiener	_____	_____
i) Japaner	_____	_____
j) Pole	_____	_____
k) Russe	_____	_____
l) Spanier	_____	_____

13   Zeit
13.1 Jahreseinteilung   1–2000

333. Welche Jahreszeit sehen Sie auf den Bildern?

Frühjahr/Frühling   Sommer   Herbst   Winter

334. Was kann man auch sagen?

a) 365 Tage : ein J. . .   b) 30/31 Tage : ein M. . . .

c) 7 Tage : eine W. . . .   d) 24 Stunden : ein T. .

2001−4000

5. Was hat die gleiche Bedeutung?

a) alle sechs Monate: _____

b) das vergangene Jahr: _____

c) Samstag und Sonntag: _____

d) jedes Jahr: _____

e) jeden Monat: _____

f) jede Woche: _____

g) jeden Tag: _____

> wöchentlich
> halbjährlich
> (all)jährlich
> täglich
> Wochenende
> monatlich
> das Vorjahr

13.2 Monatsnamen, Datum

6. Ergänzen Sie bitte.

a) Geburtstag: 20. 3. = Sie hat *am zwanzigsten* *M*_____ Geburtstag.

b) Prüfung: 12. 9. = Er macht _____ eine Prüfung.

c) Weihnachten: 24. 12. = _____ _____ ist Weihnachten.

d) Ferienbeginn: 30. 6. = _____ _____ fangen die Ferien an.

7. Wie heißen die Monate?

a) der zweite Monat im Jahr: _____

b) der zehnte Monat im Jahr: _____

c) der letzte Monat im Jahr: _____

d) der Monat zwischen März und Mai: _____

e) der Monat nach dem Juni: _____

f) der achte Monat im Jahr: _____

g) der erste Monat im Jahr: _____

h) der Monat vor dem Oktober: _____

13.3 Wochentage

338. Wie heißen die Wochentage auf Deutsch? Wie ist die richtige Reihenfolge?

a) Di . . . . a . b) S . nn . . . c) M . n . . g d) D . nn . . s . . .
e) M . tt . . . . f) S . . st . . g) F . . . t . .

13.4 Tageszeit | 1 – 4000

339. Wie ist die zeitliche Reihenfolge? (Beginnen Sie mit ‚Morgen‘.)

Vormittag	Mitternacht		Nachmittag
Morgen	Mittag	Nacht	Abend

Morgen, _____

_____

_____

340. Ergänzen Sie die Adverbien.

morgens	mittags	abends	nachts

a) Er schläft in letzter Zeit _____ sehr schlecht und ist oft bis 2⁰⁰ Uhr früh wach.
b) Die Schule beginnt _____ um 8.00 Uhr.
c) Sie geht _____ immer früh ins Bett.
d) Er macht _____ eine Pause von 12.00 bis 13.00 Uhr.

13.5 Uhrzeit

1. Ergänzen Sie bitte.

a) 60 _____ sind eine Minute.
b) 15 Minuten sind eine _____.
c) 60 _____ sind eine Stunde.
d) 24 _____ sind ein Tag.

2. Was passt zusammen?

a) 13.30 Uhr	a	A) halb acht
b) 15.45 Uhr	b	B) zwanzig vor elf
c) 7.30 Uhr	c	C) halb zwei
d) 9.15 Uhr	d	D) zehn nach sechs
e) 18.10 Uhr	e	E) Viertel vor vier
f) 10.40 Uhr	f	F) Viertel nach neun

13.6   Sonstige Zeitbegriffe

13.6.1. Substantive | 1−2000 |

3. Welcher Ausdruck hat die gleiche Bedeutung?

a) Warten Sie bitte einen *Augenblick*. *(Monat/Moment)*
b) Der Film wurde erst am *Schluss* spannend. *(Ende/Ausgang)*
c) *Welchen Tag* haben wir heute? *(welches Datum/welchen Zeitpunkt)*
d) Wir fahren gleich am *Beginn* der Ferien weg. *(Eingang/Anfang)*
e) *Vor hundert Jahren* gab es noch keine Autos. *(im vorigen Jahrhundert/im letzten Jahrzehnt)*

344. Wie passen die Dialogteile zusammen?

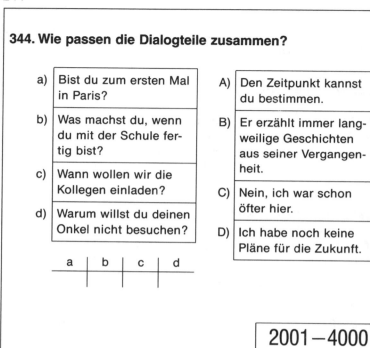

a) Bist du zum ersten Mal in Paris?

b) Was machst du, wenn du mit der Schule fertig bist?

c) Wann wollen wir die Kollegen einladen?

d) Warum willst du deinen Onkel nicht besuchen?

A) Den Zeitpunkt kannst du bestimmen.

B) Er erzählt immer langweilige Geschichten aus seiner Vergangenheit.

C) Nein, ich war schon öfter hier.

D) Ich habe noch keine Pläne für die Zukunft.

a	b	c	d

2001−4000

345. Welches Nomen passt?

a) die Zeit, in der wir im Moment leben
☐ Anfang ☐ Gegenwart ☐ Datum

b) der wichtigste, schönste Teil eines Vorgangs, einer Entwicklung
☐ Zukunft ☐ Zeitpunkt ☐ Höhepunkt

c) die Zeit zwischen zwei Zeitpunkten
☐ Zeitraum ☐ Weile ☐ Vergangenheit

d) der geschichtliche Name für die Zeit zwischen dem 5. und 16. Jahrhundert
☐ Vorzeit ☐ Verspätung ☐ Mittelalter

6. In jedem Satz fehlt ein Nomen.

| Jahresende | Weile | Verzögerung | Verspätung | Frist |

a) Wie lange hat der Zug _____?
b) Gehen Sie bitte ohne _____ an die Arbeit;
   der Brief muss in einer Stunde fertig sein.
c) Nach dem Frühstück habe ich noch eine
   _____ Zeitung gelesen.
d) Du musst dich bis spätestens übermorgen zur Prüfung
   anmelden; das ist wirklich die letzte _____.
e) Mein Vermieter hat mir die Wohnung zum 1. Januar
   gekündigt. Ich muss also bis zum _____
   eine neue Wohnung finden.

13.6.2 Verben | 1–2000

7. Was passt nicht?

a) der Tag
   die Uhr
   der Film ⎱ fängt
   der Urlaub ⎰ an
   das Gewitter

b) der Besucher
   der Schüler
   das Flugzeug ⎱ hat sich
   die Straßenbahn ⎰ verspätet
   der Parkplatz

c) eine Arbeit
   ein Gespräch
   eine U-Bahn ⎱ beginnen/
   ein Studium ⎰ beenden
   ein Buch

d) die Zugfahrt
   die Reparatur
   das Theaterstück ⎱ dauert
   die Wohnung ⎰ lange
   die Unterhaltung

e) der Unterricht
   das Fußballspiel
   der Fußball ⎱ endet um
   der Kindergeburtstag ⎰ 17.00 Uhr
   der Arbeitstag

348. Welches Verb passt?

a) Der Regen _____ seit fünf Tagen _____.
   (ansteigen/andauern/annehmen)

b) Es ist schon spät; lass uns das Gespräch morgen
   _____. *(fortwerfen/fordern/fortsetzen)*

c) Wenn ich beim Zahnarzt warten muss,
   _____ ich mir die Zeit mit einem Buch. *(verkürzen/vergessen/vergrößern)*

d) Können wir den Termin auf nächste Woche
   _____? Ich muss für drei Tage verreisen.
   (verschieben/verlassen/verraten)

13.6.3 Adjektive | 1−2000

349. Welches Adjektiv passt?

a) ⟨*nicht mehr zu ändern*⟩; die Entscheidung ist ∼; der Apparat ist ∼ kaputt
   ☐ rechtzeitig ☐ endgültig ☐ pünktlich

b) ⟨*es dauert nicht lange*⟩; das Gespräch war ∼; ihr Leben war sehr ∼; ein ∼-er Regen
   ☐ kurz ☐ spät ☐ plötzlich

c) ⟨*darauf folgend*⟩; ∼-e Woche; ∼-en Sonntag; das ∼-e Mal; im ∼-en Jahr
   ☐ früh ☐ nächst- ☐ neu

d) ⟨*zum richtigen Zeitpunkt*⟩; sie ist ∼ gekommen; der Zug war ∼ um 18.21 Uhr in Frankfurt
   ☐ ständig ☐ regelmäßig ☐ pünktlich

e) ⟨*zunächst; bis auf weiteres*⟩; wir wollen ~ keine Kinder; ~ funktioniert das alte Auto noch; ich habe ~ keine Zeit für einen Urlaub
☐ vorläufig ☐ plötzlich ☐ ständig

f) ⟨*früh genug*⟩; mit der Arbeit sind wir ~ fertig geworden; bitte sagen Sie mir ~ Bescheid, wann Sie das Gerät liefern; wenn wir ein Taxi nehmen, sind wir noch ~ am Bahnhof
☐ richtig ☐ rechtzeitig ☐ regelmäßig

g) ⟨*nicht erwartet; überraschend*⟩; sie ist ~ gestorben; es fing ~ an zu regnen; er bekam ~ Herzschmerzen
☐ häufig ☐ unpünktlich ☐ plötzlich

h) ⟨*immer wieder, im gleichen Zeitabstand sich wiederholend*⟩; ich gehe ~ zum Zahnarzt; abends ~ fernsehen; meine Schwester schreibt mir ~
☐ gleichzeitig ☐ regelmäßig ☐ rechtzeitig

i) ⟨*zur selben Zeit*⟩; sie kann fernsehen und ~ stricken; beide Eltern sind ~ gestorben; beim Duschen ~ die Haare waschen
☐ regelmäßig ☐ jetzt ☐ gleichzeitig

j) ⟨*sehr oft; immer*⟩; im Winter ist er ~ erkältet; sie hat ~ Kopfschmerzen; er hat ~ Hunger
☐ ständig ☐ lange ☐ manchmal

k) ⟨*oft*⟩; er geht ~ ins Kino; wir essen ~ Salat; sie hat ~ Besuch
☐ lang ☐ püntklich ☐ häufig

350. Ergänzen Sie das passende Adjektiv.

| modern | vorig | lang | spät | früh | heutig | früher |

a) Das Gespräch dauerte über vier Stunden. = Es war ein
   _____ Gespräch.

b) Er war mein Kollege, als ich noch in meiner ersten
   Firma war. = Er ist ein _____ Kollege.

c) Er steht morgens schon um fünf Uhr auf. = Er steht
   sehr _____ auf.

d) Wir waren um acht Uhr verabredet, aber Jens kam erst
   um zehn. = Jens kam zwei Stunden zu _____.

e) Im letzten Jahr hat mein Bruder geheiratet. =
   _____ Jahr hat mein Bruder geheiratet.

f) Solche Schuhe trägt heute kein Mensch mehr! = Die
   Schuhe sind nicht mehr _____.

g) Das Fernsehprogramm ist heute sehr langweilig. = Das
   _____ Fernsehprogramm ist sehr langweilig.

$$2001-4000$$

351. Welches von beiden Adjektiven passt?

a) Ich muss _____ abends länger arbei-
   ten, weil meine Kollegin krank ist. *(kurzfristig/kürzlich)*

b) Hoffentlich findet Jens bald eine Stelle. Seine
   _____ Bewerbungen waren alle erfolglos.
   (damaligen/bisherigen)

c) Gerda wohnt _____ bei mir, bis sie
   eine eigene Wohnung gefunden hat. *(vorübergehend/
   unregelmäßig)*

d) Wir haben uns _____ nicht gesehen.
   (dauerhaft/jahrelang)

e) Dieses Erlebnis hat mich sehr enttäuscht; ich werde
_____ vorsichtiger sein. *(langfristig/
künftig)*

f) Dieser Politiker weiß auch keine Lösung für die _____
_____ Probleme. *(gegenwärtigen/vorüberge-
henden)*

g) Ich werde dich _____ anrufen.
(dauerhaft/gelegentlich)

13.6.4 Adverbien

**2. Mit welchen Adverbien bezeichnet man Zeitpunkte in
der Vergangenheit, Gegenwart oder Zukunft?**

damals	soeben	früher	neulich	morgen
heutzutage	gestern	vorgestern	später	heute
zur Zeit	übermorgen	vorbei	vor	kurzem
bald	jetzt	vorhin		gerade

a) Vergangenheit	b) Zukunft	c) Gegenwart

353. Ergänzen Sie die Adverbien so, dass die zeitliche Reihenfolge im Text deutlich wird. (Es gibt mehrere Lösungen.)

zuerst	nun	dann	danach	inzwischen	zuletzt
zugleich	jetzt	erst	zunächst	schließlich	

Amerikanisches Roastbeef

500 g Brokkoli	2 Esslöffel Butter
650 g Roastbeef	etwas Muskatnuss
1 Teelöffel Salz	¼ Karotte
1 Teelöffel weißer Pfeffer	1 Sellerieknolle
2 Teelöffel Worcestersauce	3 Zwiebel
4 Esslöffel Öl	1 Esslöffel saure Sahne
2 Esslöffel Cognac	Teelöffel Mehl
½ Teelöffel Cayennepfeffer	

_____ ① das Fleisch mit Salz, Pfeffer, der Worcestersauce und dem Öl einreiben, _____ ② den Cognac und den Cayennepfeffer dazugeben, _____ ③ das Fleisch 30 Minuten stehen lassen. Den Ofen auf 220 Grad vorheizen. _____ ④ den Brokkoli putzen und den Brattopf etwas ölen. _____ ⑤ das Fleisch in den Topf legen und im Ofen 40 Minuten braten. _____ ⑥ den Brokkoli mit Salz und Muskatnuss würzen und mit etwas Butter gar kochen. _____ ⑦ die Karotte und den Sellerie putzen, die Zwiebel schälen und alles kleinschneiden, zehn Minuten vor Ende der Bratzeit zum Fleisch in den Topf geben. _____ ⑧ den Braten herausnehmen und warm stellen. Den Bratensaft zusammen mit etwas Wasser und der Sahne kochen. _____ ⑨ die Soße durch ein Sieb gießen. _____ ⑩ das Mehl mit etwas Wasser verrühren, und die Soße damit binden.

4. Wie heißt das Gegenteil?

a) immer: _____

b) später: _____

c) lange: _____

d) meistens: _____

> früher kurz selten nie

5. Welche Adverbien haben die gleiche Bedeutung?

a) jetzt: _____

b) niemals: _____

c) selten: _____

d) bereits: _____

e) oft: _____

> nie sofort schon
> mehrmals kaum

356. Welches Adverb passt?

a) Es ist schon Mitternacht; Jens müsste ＿＿＿＿＿＿
   zu Hause sein! *(längst/spätestens/jemals)*

b) ☐ Hast du den neuen Kollegen schon kennengelernt?
   ○ ＿＿＿＿＿＿＿ noch nicht. *(jemals/bisher/
   meistens)*

c) Ich wollte mit Jochen sprechen, aber er telefoniert
   ＿＿＿＿＿＿＿. *(manchmal/sofort/dauernd)*

d) ☐ Fahrt ihr wieder nach Spanien?
   ○ Nein, wir wollen ＿＿＿＿＿＿＿ in Italien Urlaub
   machen. *(diesmal/manchmal/jemals)*

e) Monika geht es wieder besser, aber sie muss ＿＿＿＿
   ein paar Tage im Bett bleiben. *(je/endlich/noch)*

f) Warte einen Augenblick; ich bin ＿＿＿＿＿＿＿
   fertig. *(wieder/gleich/immer)*

g) ☐ Bist du ＿＿＿＿＿＿＿ mit einem Flugzeug
   geflogen? *(nochmals/jemals/mehrmals)*
   ○ Nein, noch nie.

h) Du studierst schon seit sieben Jahren. Willst du nicht
   ＿＿＿＿＿＿＿ dein Examen machen? *(endlich/
   spätestens/bereits)*

2001 – 4000

357. Welche Adverbien haben eine sehr ähnliche Bedeutung?

a) demnächst: ＿＿＿＿＿＿

b) heutzutage: ＿＿＿＿＿＿

c) jedes Mal: ＿＿＿＿＿＿

d) zuweilen: ＿＿＿＿＿＿

e) bislang: ＿＿＿＿＿＿

> bald gegenwärtig bisher
> manchmal immer

8. Welches Adverb passt?

daraufhin   dazwischen   zum ersten Mal   neuerdings

a) Im Gemüseladen um die Ecke kann man _____
   auch Wein kaufen, früher gab es nur Obst und Gemüse.
b) Um 16.30 Uhr habe ich Feierabend und um 19.00 Uhr
   bekomme ich Besuch, _____ muss ich
   schnell noch in die Stadt fahren und etwas einkaufen.
c) Er ist schon wieder zu spät gekommen. _____
   habe ich ihm meine Meinung gesagt.
d) Mit 14 Jahren war ich _____ verliebt.

13.6.5 Präpositionen

9. Welche Präposition passt?

bis   während   seit   zwischen   nach

a) _____ : Oktober und Dezember
   2.00 und 3.00 Uhr
   Montag und Donnerstag
   den Pausen
   Weihnachten und Neujahr
b) _____ : des Essens
   der Arbeitszeit
   des ganzen Jahres
   der Ferien
   des Gesprächs
c) _____ : morgen (warten)
   zum 12.6. (Urlaub machen)
   um 17.00 Uhr (arbeiten müssen)
   nach Mitternacht (feiern)
   zum Monatsende (kein Geld haben)

d) _____ : dem Essen (eine Stunde schlafen)
  der Arbeit (nach Hause gehen)
  dem Urlaub (wieder arbeiten müssen)
  dem Aufstehen (frühstücken)
  dem Kinobesuch (ein Glas Wein trinken)

e) _____ : zwei Wochen (krank sein)
  gestern (Fieber haben)
  1984 (in Hamburg wohnen)
  Februar (arbeitslos sein)
  zwei Stunden (auf Manfred warten)

13.6.6 Konjunktionen

360. Welche Konjunktion passt? (Meistens passen zwei.)

> solange   wenn   bevor   ehe   sobald   nachdem

a) Er macht abends immer einen Spaziergang, _____ er ins Bett geht.

b) Ich rufe dich an, _____ ich Zeit habe.

c) Er wurde ein anderer Mensch, _____ seine Frau gestorben war.

d) Ich kenne ihn, _____ er lebt.

e) Sage mir bitte Bescheid, _____ du etwas brauchst.

f) Ich habe in Frankfurt gewohnt, _____ ich nach Stuttgart gezogen bin.

14 Räumliche Begriffe

14.1 Substantive

1–2000

361. Wie nennt man das auf Deutsch?

| Höhe | Größe | Länge (1) | Abstand |
| Entfernung | Länge (2) | Breite | Tiefe |

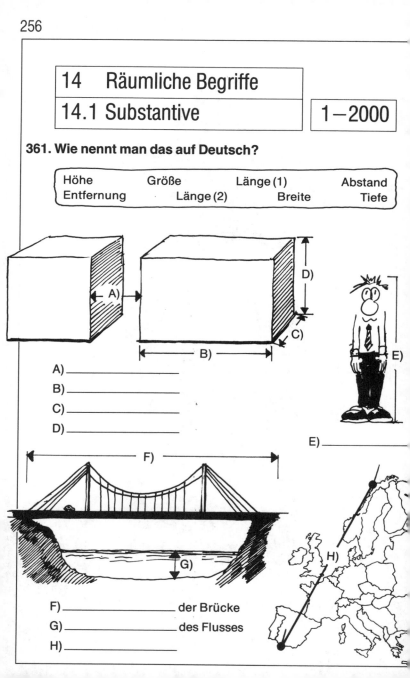

A) _____

B) _____

C) _____

D) _____

E) _____

F) _____ der Brücke

G) _____ des Flusses

H) _____

2. Zu welcher Wörterbucherklärung passen die Nomen?

| Ende | Mitte | Seite | Ziel | Spitze | Ort | Stelle |

a) _____ : an dieser ~ ist der Unfall passiert; an dieser ~ tut mir der Arm weh; das Bild hängt an der falschen ~; bewege dich nicht von der ~

b) _____ : die ~ eines Berges, eines Baumes, eines Bleistifts, eines Messers, eines Nagels, einer Nadel, einer Schere

c) _____ : der Tisch steht in der ~ des Zimmers; Frankfurt liegt etwa in der ~ zwischen Hamburg und München; die Kirche liegt in der ~ des Dorfes; in der ~ des Kreises

d) _____ : das Haus steht am ~ der Straße; der Speisewagen ist am ~ des Zuges; das ~ des Buches ist sehr spannend; er fasst das Werkzeug am falschen ~ an

e) _____ : das ~ einer Reise, einer Fahrt, eines Ausflugs; nach drei Stunden Fahrt waren wir am ~

f) _____ : die linke, rechte ~ eines Flusses, einer Straße; auf welcher ~ des Bettes möchtest du schlafen?

g) _____ : das Geld ist an einem geheimen ~ versteckt; an welchem ~ wollen wir uns treffen?; an welchem ~ findet die Konferenz statt?

363. In jedem Satz fehlt ein Nomen!

Punkt	Nähe	Lage	Raum	Platz	Rand

a) Die _____ des Hauses ist zentral und trotzdem sehr ruhig.

b) Du kannst gerne ein paar Tage bei uns wohnen; wir haben genug _____ im Haus.

c) Sie hat am _____ des Dorfes einen Bauplätz gekauft.

d) In der _____ meiner Wohnung gibt es viele Einkaufsmöglichkeiten.

e) Die Jugendlichen suchen einen _____, wo sie ungestört Musik machen können.

f) Ihr geht am besten diesen Weg den Berg hinauf; nach ca. einem Kilometer gibt es einen _____, von dem man eine sehr schöne Aussicht über das Tal hat.

2001 – 4000

364. Welche Ergänzung passt?

a) Die Eingangstür befindet sich _____ des Hauses. *(an der Vorderseite/im Vordergrund/an der Oberfläche)*

b) Die meisten deutschen Städte haben _____ eine Fußgängerzone. *(auf der Innenseite/im Vordergrund/im Zentrum)*

c) Das ist ein Urlaubsfoto aus der Schweiz; _____ kann man die Berge sehen. *(im Hintergrund/an der Innenseite/in der Breite)*

d) Der See ist warm genug zum Schwimmen; das Wasser hat _____ 21 Grad. *(im Vordergrund/an der Außenseite/an der Oberfläche)*

e) Wenn es regnet, werden die Fenster _____ nass. *(im Hintergrund/auf der Außenseite/im Zentrum)*

14.2 Adjektive | 1—2000

5. Wie liegen die Fächer?

a) Das obere linke Fach ist Fach   A B C D E F

b) Das untere rechte Fach ist Fach   A B C D E F

c) Das mittlere Fach oben ist Fach   A B C D E F

d) Das untere Fach links ist Fach   A B C D E F

e) Das mittlere Fach unten ist Fach   A B C D E F

f) Das obere rechte Fach ist Fach   A B C D E F

6. Sehen Sie sich die Autos auf der Zeichnung an!

a) Welches Auto ist am breitesten? _____

b) Welches Auto steht ganz nahe an der Garage? _____

c) Welches Auto steht am weitesten entfernt von der Garage? _____

d) Welches Auto ist am längsten? _____

e) Bei welchem Auto sind die Türen offen? _____

f) Welches Auto liegt am tiefsten auf der Straße? _____

g) In welchem Auto ist es am engsten? _____

h) Welches Auto ist am kürzesten? _____

i) Welches Auto steht hinter der Garage? _____

j) Welches Auto steht schief auf seinem Parkplatz?

_____

k) Welches Auto liegt am höchsten auf der Straße?

_____

l) Welche zwei Autos stehen sehr dicht nebeneinander?

_____

2001–4000

367. Welches Adjektiv passt?

| aufrecht | zentral | umgeben | senkrecht |

a) Um das Haus herum stehen viele Bäume.
   Das Haus ist von Bäumen _____.

b) Der Bahnhof liegt mitten in der Stadt.
   Der Bahnhof liegt _____.

c) Er hat solche Rückenschmerzen, dass er nicht gerade
   stehen kann. = Er kann nicht _____ stehen.

d) Der Baum wächst ganz gerade von unten nach oben. =
   Der Baum wächst genau _____.

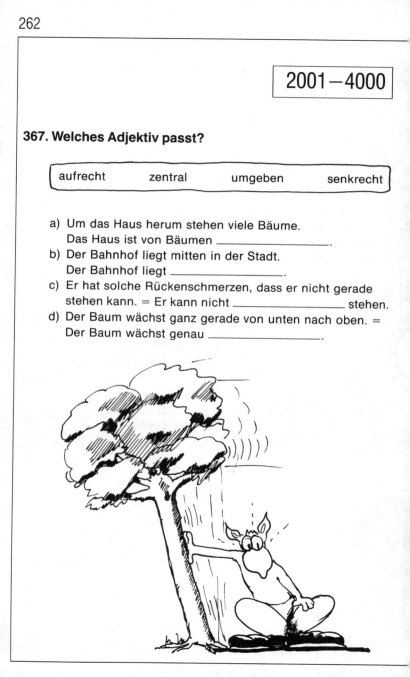

14.3 Adverbien | 1−2000

8. Wo stehen die Kisten?

daneben   davor   darüber   dahinter   darunter

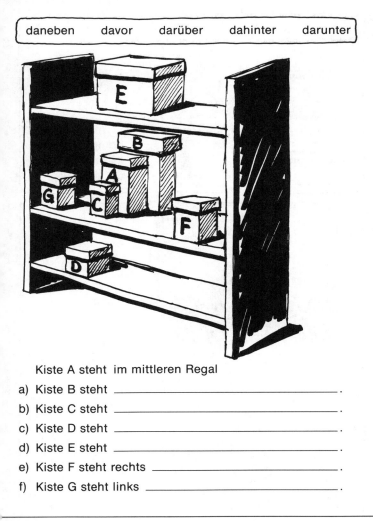

Kiste A steht im mittleren Regal

a) Kiste B steht _____ .

b) Kiste C steht _____ .

c) Kiste D steht _____ .

d) Kiste E steht _____ .

e) Kiste F steht rechts _____ .

f) Kiste G steht links _____ .

264

369. Ergänzen Sie bitte.

| herum | heraus | hinauf | hinüber |
| herunter | hinein | hinaus | herein |

a) Komm doch zu mir _____

b) Warte, ich komme zu dir _____.

c) Gehen Sie bitte zuerst _____ !

Ich komme
zu dir
_____

e) Bei diesem Wetter gehe
ich nicht
_____!

f) Kommen Sie
_____

g) Keine Angst,
er kann nicht
_____

Warum läufst
du immer um
den Baum
_____?

370. Welches Adverb passt wohin?

rückwärts	darauf	quer	entlang	links
rechts	auseinander	dazwischen	abwärts
draußen	drinnen	geradeaus	aufwärts

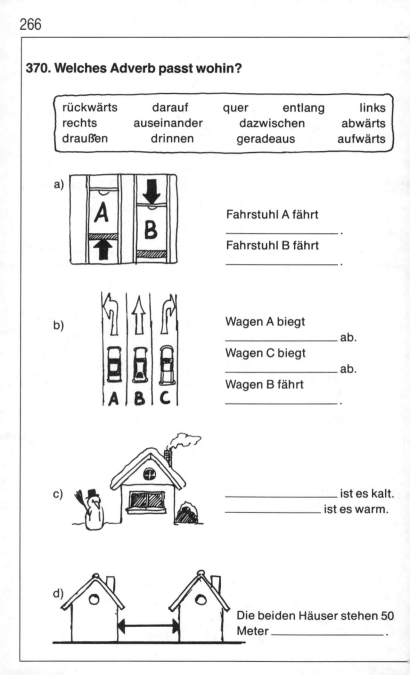

a)

Fahrstuhl A fährt

_____ .

Fahrstuhl B fährt

_____ .

b)

Wagen A biegt

_____ ab.

Wagen C biegt

_____ ab.

Wagen B fährt

_____ .

c)

_____ ist es kalt.

_____ ist es warm.

d)

Die beiden Häuser stehen 50
Meter _____ .

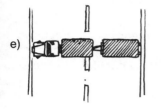

e) Der Lastwagen steht

_____ auf der

Straße.

f) Die Fahrradfahrer fahren den

Fluss _____ .

g)

Der Tisch steht im Wohnzimmer.

_____ liegt ein

Apfel.

h)

Rechts und links stehen zwei

Lastwagen; _____ steht ein Pkw.

i)

Der Wagen fährt

_____

in die Garage hinein.

371. Welches Adverb passt? (Einmal passen zwei)

> nirgendwo   überall   nirgends   irgendwo

a) Ich habe _____ meinen Schlüssel verloren.
   Ich kann ihn nicht finden.
b) Ich habe den Schlüssel schon _____
   gesucht, aber ich kann ihn trotzdem nicht finden.
c) Ich kann den Schlüssel _____ finden,
   obwohl ich schon seit einer Stunde suche.

372. Wie heißt das Gegenteil?

a) vorwärts _____
b) hinten _____
c) außen _____
d) hoch _____

> innen   tief
>
> vorn   rückwärts

373. In jedem Satz fehlt ein Wort!

> dahin   daran   her   darin   daher   daraus   bei   hier

a) □ Wie lange bist du schon _____?
   ○ Ich bin vor einer Stunde gekommen.
b) □ Ist Monika nicht zu Hause?
   ○ Nein, sie ist _____ einer Freundin.
c) □ Ich war gerade auf der Post.
   ○ _____ muss ich nachher auch noch gehen.
d) Dieser Nagel ist zu klein, _____ kannst du das schwere
   Bild nicht aufhängen.
e) Ihr habt einen schönen Teich im Garten! Sind auch
   Fische _____?
f) □ Warst du schon beim Zahnarzt?
   ○ Ja, ich komme gerade von _____.
g) Diese Gläser sind sehr wertvoll; _____ trinken wir
   nur an Feiertagen.
h) Von Norden _____ weht ein kalter Wind.

4. Welches Frageadverb passt?

> worauf   wohin   wo   woher

a) □ _____ wohnst du?
   ○ In der Amalienstraße.
b) □ _____ gehst du?
   ○ Zum Bäcker, ich will ein paar Stücke Kuchen holen.
c) □ _____ kommst du so spät?
   ○ Aus dem Büro. Ich musste heute länger arbeiten.
d) □ _____ willst du den neuen Fernseher stellen?
   ○ Auf den kleinen Schrank in der Ecke.

5. In jedem Satz fehlt ein Adverb!

> heran   herunter   drüben   dorthin

a) Setz dich lieber _____; dieser Sessel ist bequemer.
b) Mein Auto steht _____ auf der anderen Straßenseite.
c) Stell den Stuhl näher an den Tisch _____, dann kann das Kind besser essen.
d) Die Treppe ist sehr steil. Sei vorsichtig, sonst fällst du

   _____.

376. Welches Adverb passt?

| hindurch | herauf | hinterher | dahinter | herab |

a)

Er springt vom Felsen

_____.

b)

An der Ampel steht ein Bus,

_____

hält ein Lastwagen.

c)

Die Autos fahren unter der Brücke

_____.

d)

Der Polizist läuft dem Dieb

_____.

e)

Wirf mir bitte den Ball

_____!

14.4 Präpositionen

7. Welches Adverb passt?

> durch   nebenan   hinter   oberhalb   an   auf
> gegenüber   außerhalb   zwischen   innerhalb   unter

a)

① _____ der Wand hängt ein Bild.

② _____ dem Tisch stehen Gläser.

③ _____ dem Tisch liegt ein Hund.

④ _____ dem Fenster und dem Bild hängt eine Uhr.

b)

① _____ der Kirche ist das Fotografieren verboten.

② _____ der Kirche darf man fotografieren.

c)

Anna wohnt in Haus Nr. 30. Brigitte wohnt

① _____ in Haus Nr. 32.

Cecilia wohnt

② _____ in Haus Nr. 31.

d) _____ dem Haus ist ein großer Garten.

e) _____ der Berg-hütte klettern Bergziegen.

f) Der Fahrradweg führt _____ den Park.

378. Ergänzen Sie die Präpositionen.

| vor | von | bis | aus | um | zu |

a) Hans geht morgens immer um 7.00 Uhr _____ dem Haus.
b) _____ meiner Wohnung _____ zur Bushaltestelle sind es nur etwa 200 Meter.
c) Heute Abend kommt eine Kollegin _____ mir zu Besuch.
d) Der Film beginnt um 20.30 Uhr. Ich warte _____ dem Kino auf dich.
e) Wir können einmal _____ den ganzen See laufen. Das dauert etwa zwei Stunden.

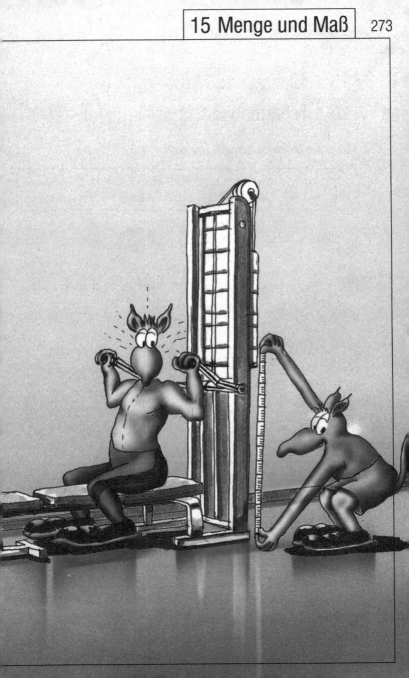

15 Menge und Maß

15.1 Mengenbegriffe

1 – 2000

379. Welcher Mengenbegriff passt?

Prozent	Summe	Mehrheit	Zahlen
die Hälfte	ein Drittel	ein Viertel	ein Dutzend

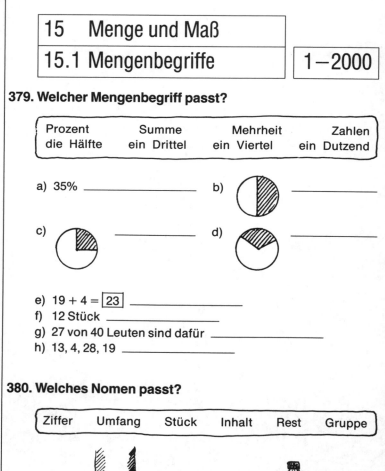

a) 35% _____

b) _____

c) _____

d) _____

e) 19 + 4 = 23 _____

f) 12 Stück _____

g) 27 von 40 Leuten sind dafür _____

h) 13, 4, 28, 19 _____

380. Welches Nomen passt?

Ziffer	Umfang	Stück	Inhalt	Rest	Gruppe

a) Der Baumstamm hat einen _____ von 180 cm.

b) Die Flasche hat einen _____ von 1,5 Liter.

c) Auf dem Teller sind noch fünf _____ Kuchen.

d) Der Teller ist nicht leer gegessen. Es ist noch ein _____ Gemüse darauf.

e) Eine _____ von sechs Kindern spielt zusammen Ball.

04438 / 33725

f) Die letzte _____ der Telefonnummer ist eine fünf.

1. Welches Verb passt?

a) □ Wie viele Bäume stehen in deinem Garten?
○ Ich weiß nicht, ich habe sie noch nie
_____ . *(messen/wiegen/zählen)*

b) Der Fisch ist sehr schwer. Ich glaube, er
_____ über zwei Kilogramm. *(wiegen/enthalten/schätzen)*

c) Unsere Tochter wurde heute vom Arzt _____ ,
sie ist 95 cm groß. *(zählen/messen/wiegen)*

d) Jens hat im Urlaub zwei Kilo _____ . *(enthalten/messen/zunehmen)*

e) Dieses Bild hat ein bekannter Künstler gemalt. Ich _____ seinen Wert auf mindestens 10 000 DM. *(schätzen/zählen/wiegen)*

f) Das Paket _____ nur Bücher. *(schätzen/enthalten/zählen)*

382. Was hat die gleiche Bedeutung?

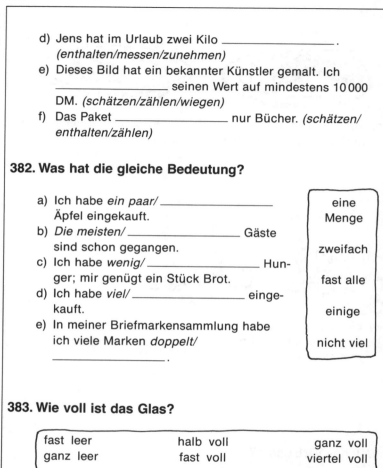

a) Ich habe *ein paar/* _____ Äpfel eingekauft.

b) *Die meisten/* _____ Gäste sind schon gegangen.

c) Ich habe *wenig/* _____ Hunger; mir genügt ein Stück Brot.

d) Ich habe *viel/* _____ eingekauft.

e) In meiner Briefmarkensammlung habe ich viele Marken *doppelt/* _____ .

eine
Menge

zweifach

fast alle

einige

nicht viel

383. Wie voll ist das Glas?

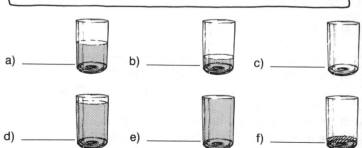

| fast leer | halb voll | ganz voll |
| ganz leer | fast voll | viertel voll |

a) _____

b) _____

c) _____

d) _____

e) _____

f) _____

2001 – 4000

4. Welches Nomen passt?

| Zunahme | Auswahl | Höhe | Paar | Betrag |

a) die _____ | der Geldsumme
der Preise
des Schadens
der Reparaturkosten

b) eine | reichliche
gute
umfangreiche | _____ | an Kleidern
an Büchern
an Möbeln
an Werkzeug

c) ein _____ | Schuhe
Handschuhe
Strümpfe
Ohrringe

d) die _____ | der Studentenzahlen um 12%
der Autounfälle in der Reisezeit
der Verbrechen in den Großstädten
der Geburten in den armen Ländern

e) ein _____ von 120,– DM
der Rechnungs- _____
der Geld- _____
der End- _____

385. Wie passen die Dialogteile zusammen?

a) Haben Sie die Rechnungen vom letzten Monat zusammengezählt?

A) Das reicht nicht aus, um einen Kuchen zu backen.

b) Ich habe für die Grillparty 60 Würste gekauft. Reicht das für 30 Gäste?

B) Doch, im Kühlschrank steht noch eine Flasche Orangensaft.

c) In der Tüte sind nur noch 100 Gramm Zucker.

C) Ja, die Summe beträgt 16 478 Mark und 24 Pfennige.

d) Wir haben keinerlei Getränke mehr zu Hause!

D) Sicher, im Durchschnitt werden bestimmt nicht mehr als zwei Stück pro Person gegessen.

a	b	c	d

386. Was passt?

a) Er trinkt _____ 10 Tassen Kaffee pro Tag, meistens sogar noch mehr. *(höchstens/mindestens/bloß)*

b) In der Suppe fehlt _____ Salz. *(ein bisschen/einmal/etwa)*

c) Du hast ja _____ etwas gegessen. Schmeckt es dir nicht? *(kaum/mindestens/wenigstens)*

d) Für diesen Kuchen braucht man _____ ein Ei. *(kaum/bloß/fast)*

e) Haben wir _____ Gläser für alle Gäste? *(fast/genug/höchstens)*

f) Jens liebt Bücher, er besitzt _____ 2000 Stück. *(etwa/genug/ein bisschen)*

g) Zu seiner Geburtstagsfeier sind _____ 100 Gäste gekommen. *(fast/keinerlei/genug)*

h) Wenn ich noch Auto fahren muss, trinke ich _____ ein Glas Wein, mehr auf keinen Fall. *(wenigstens/höchstens/mindestens)*

i) Ich muss _____ noch Brot und Wurst kaufen, sonst haben wir am Wochenende nichts zu essen. *(fast/wenigstens/kaum)*

7. Welche Ausdrücke haben (fast) die gleiche Bedeutung?

a) ein paar Leute : _____ (A) niemand
b) fast alle Leute : _____ (B) wenige Leute
c) alle Leute : _____ (C) die allermeisten Leute
d) keine Leute : _____ (D) sämtliche Leute

a	b	c	d

15.3 Maße und Gewichte | 1—4000

388. Ordnen Sie die Nomen.

> Pfund   Kilometer   Hektar   Meter   Kilo(gramm)
> Tonne   Gramm   Quadratmeter   Zentimeter   Liter

a) Maße für Gewichte	b) Maße für Flüssigkeiten	c) Maße für Längen	d) Maße für Flächen

16 Ordnung und Bezüge | 1−2000

389. Nur ein Nomen passt.

a) Die beiden Zwillingsschwestern sehen genau gleich aus. Ich kann jedenfalls keinen _____ erkennen. *(Gegensatz/Unterschied)*

b) ☐ Findest du die neuen Nachbarn unsympathisch?
   ○ Im _____ , ich finde sie sehr nett. *(Gegenteil/Gegensatz)*

c) Im _____ zu seinem größeren Bruder hat er große Probleme in der Schule. *(Gegenteil/Gegensatz)*

d) Ich habe immer noch nicht richtig verstanden, wie der Unfall passiert ist. Erzähle mir die Geschichte doch bitte noch einmal der _____ nach. *(Ordnung/Reihe)*

e) Wenn du ein Buch aus dem Regal nimmst, musst du es später an den gleichen Ort zurückstellen. Die Bücher sind nämlich in alphabetischer _____ geordnet. *(Reihenfolge/Regel)*

f) Auf deinem Schreibtisch liegt alles durcheinander. Du musst endlich einmal _____ machen. *(Ordnung/Reihenfolge)*

g) Abends früh zu Bett gehen und morgens früh aufstehen – das ist eine gute _____ , wenn man gesund und leistungsfähig bleiben will. *(Ordnung/Regel)*

h) Das Getränk schmeckt am besten, wenn man Saft und Wasser im _____ 4 zu 1 mischt. *(Verhältnis/System)*

i) Marion und Anna kennen sich seit vielen Jahren. Sie haben ein_____ freundschaftlich_____
   _____ . *(Beziehung/System)*

j) Wenn du den Stadtplan ansiehst, kannst du sofort erkennen, nach welchem _____ die Straßen gebaut sind. *(Verhältnis/System)*

0. Eine schwierige Familie: Fast jeder hat einen anderen Geschmack. Wer isst welche Speisen gern?

a) Alle lieben Nudeln, nur der Vater nicht.
b) Außer Paul und Anna essen alle gerne Gemüse.
c) Die Mutter isst gerne Fisch, sonst niemand.
d) Nur Jochen isst kein Fleisch.
e) Paul und Eva mögen keine Suppe, sonst alle.
f) Alle essen gerne Obst, allein Eva nicht.
g) Kuchen essen alle gern, einschließlich der Eltern.

	Jochen	Paul	Anna	Eva	Vater	Mutter
isst gerne Nudeln	X	X	X	X	Ø	X
isst gerne Gemüse						
isst gerne Fisch						
isst gerne Fleisch						
isst gerne Suppe						
isst gerne Obst						
isst gerne Kuchen						

391. In jedem Satz fehlt ein Verb!

> gehören   ordnen   unterscheiden
> entsprechen   beziehen   fehlen

a) Ich habe den roten und den blauen Pullover nach dem
   gleichen Muster gestrickt; sie _____ sich
   nur durch die Farbe.

b) Hier sind alle Rechnungen vom letzten Jahr; bitte
   _____ Sie sie nach dem Datum.

c) In meinem Geldbeutel _____ 20 DM; hast du
   das Geld herausgenommen?

d) Ich helfe dir schnell beim Aufräumen. _____
   die Tassen in diesen Schrank?

e) Die meisten Leserbriefe _____ sich auf den
   Artikel ‚Wie schmutzig ist die Nordsee?‘, der am letzten
   Dienstag veröffentlicht wurde.

f) Wenn Ihre Informationen der Wahrheit
   _____ , müssen wir das ganze Projekt noch
   einmal ändern.

392. Was passt?

> einander   miteinander   nebeneinander   voneinander

a) Wenn große und kleine Kinder zusammen spielen, können sie viel _____ lernen.

b) Rolf und Renate fahren _____ in Urlaub.

c) ☐ Hast du noch Theaterkarten bekommen?
   ○ Ja, wir sitzen _____ in der
      zwanzigsten Reihe.

d) Jens und Ute haben _____ auf einer
   Party kennengelernt.

3. Sätze in zwei Teilen. Wie passen die Teile zusammen?

a)	Trotz des schlechten Wetters	A)	ohne die Hände zu benutzen?
b)	Statt Blumen	B)	meiner Schwester die andere.
c)	Einerseits verdiene ich gut,	C)	habe ich dir eine Flasche Wein mitgebracht.
d)	Kannst du Fahrrad fahren,	D)	außer deinem Bruder?
e)	Diese Straßenbahn ist zu voll,	E)	haben wir einen Spaziergang gemacht.
f)	Hast du noch sonstige Geschwister	F)	aber die folgenden waren besser.
g)	Mir gehört die eine Hälfte des Hauses,	G)	andererseits ist die Arbeit sehr langweilig.
h)	Der erste Vortrag war langweilig,	H)	lass uns lieber die nächste nehmen.

a	b	c	d	e	f	g	h

2001 – 4000

4. Die Behauptungen a)–e) sind falsch. Widersprechen Sie.

überflüssig	verschiedenartig	umgekehrt
entgegengesetzt		erforderlich

a) Diese Diskussion ist notwendig. ↔ Nein, diese Diskussion ist völlig _____!

b) Sie waren einheitlich gekleidet. ↔ Nein, sie waren _____ gekleidet!

c) Ein Reisepass ist   ↔   Doch, der Reisepass ist
nicht notwendig.   _____ !

d) Sie hat es genauso   ↔   Nein, sie hat es genau
gemacht wie Werner.   _____ gemacht!

e) Die Post liegt in der   ↔   Nein, die Post liegt genau in der
gleichen Richtung.   _____ Richtung!

395. Welches Nomen passt?

> Original   Liste   Serie   Kombination   Ausnahme   Ersatz

a) das _____ | eines Vertrages
eines Zeugnisses
einer Zeichnung

b) eine _____ | von verschiedenen Stoffen
verschiedener Farben
aus Holz und Plastik

c) eine _____ | aller Teilnehmer
der Mitglieder
der neuen Preise

d) eine _____ | von schweren Autounfällen
von Fernsehfilmen
von Mordfällen

e) die _____ | von einer Regel
von einem Verbot
von einer Gewohnheit

f) der _____ | für einen Schaden
für den verlorenen Schlüssel
für das fehlende Teil

6. Welches Nomen passt?

a) Die neue Autobahn ist jetzt fast fertig. D_____
   letzt_____ _____ wird nächste Woche für
   den Verkehr freigegeben. *(Anteil/Abschnitt/Detail)*

b) Hunde und Katzen sind in den Wohnungen nicht
   erlaubt; das ist _____ des Mietvertrages.
   (Bestandteil/Einzelheit/Beispiel)

c) Herzkrankheiten sind ein_____ _____ in der
   medizinischen Forschung unserer Universität.
   (Hauptsache/Hinsicht/Schwerpunkt)

d) Weil der Zug sehr voll war, bin ich erst_____
   _____ gefahren. *(Typ/Klasse/Niveau)*

e) Fische können nur im Wasser leben. Wenn man sie aus
   ihr_____ _____ herausholt, müssen sie sterben. *(Gebiet/Element/Klasse)*

f) Meine Großmutter ist völlig gesund. In dies_____
   _____ müssen wir uns keine Sorgen um sie
   machen. *(Hinsicht/Detail/Bestandteil)*

7. Ergänzen Sie.

> untereinander   ausschließlich   anstatt
> hinsichtlich   beispielsweise   ausgenommen

a) Sie mag keine Milch, lieber = Sie trinkt lieber Saft
   Saft.   _____ Milch.

b) Hier darf man jeden Tag   = Das Parken ist jeden Tag er-
   parken, nur an Sonntagen   laubt, _____
   nicht.   sonntags.

c) Dieser Weg darf nur von   = Diesen Weg dürfen
   Fußgängern benutzt wer-   _____
   den.   Fußgänger benutzen.

d) Die vier Geschwister haben = Die vier Geschwister strei-
   häufig Streit.   ten sich häufig
                                 _____.

e) Ich möchte am Wochen-   = Ich möchte am Wochenende etwas unternehmen.   ende etwas unternehmen.
   Wir könnten zum Beispiel   Wir könnten _____
   in die Berge fahren.   in die Berge fahren.

f) Haben Sie noch irgendwel- = Haben Sie noch Fragen
   che Fragen in Bezug auf Ih-   _____Ihres
   ren neuen Arbeitsplatz?   neuen Arbeitsplatzes?

398. Wie passen die Dialogteile zusammen?

a) | Was meinst du, soll ich meine grüne Hose und den neuen roten Pullover anziehen?

A) | Kannst du nicht einmal eine Stunde auslassen?

B) | Die nachfolgenden Kapitel sind etwas einfacher.

b) | Der Film ist langweilig. Wollen wir nicht lieber den Fernseher ausmachen?

C) | Warte noch. Auf den Film folgen die Nachrichten.

c) | Nächstes Jahr werden die Steuern für Zigaretten erhöht.

D) | Das passt doch nicht zusammen!

d) | Heute Abend habe ich leider keine Zeit. Ich muss in meinen Englischkurs gehen.

E) | Das betrifft mich zum Glück nicht. Ich bin Nichtraucher.

e) | Ich habe gestern angefangen, dein Buch zu lesen. Es ist ziemlich schwierig.

a	b	c	d	e

17 Art und Weise, Vergleich

17.1 Art und Weise | 1–2000

399. Beide Sätze haben (fast) die gleiche Bedeutung. Ergänzen Sie die folgenden Wörter jeweils im zweiten Satz.

> grundsätzlich   so   gleichmäßig   gern
> genau   gewöhnlich   irgendwie

a) Er mag Tiere.
Er ist _____ mit Tieren zusammen.

b) Ich stehe in der Regel um sieben Uhr auf.
Ich stehe _____ um sieben Uhr auf.

c) Inge ist davon überzeugt, dass Alkohol schädlich ist; deshalb trinkt sie keinen.
Inge trinkt _____ keinen Alkohol.

d) Auf irgendeine Art und Weise werden wir das Problem schon lösen.
Sicher werden wir das Problem _____ lösen.

e) Das musst du auf diese Weise machen.
Das musst du _____ machen.

f) Er kam pünktlich um zehn Uhr.
Er kam _____ um zehn Uhr.

g) Wir müssen die Schokolade so verteilen, dass jedes Kind ein Stück bekommt.
Wir müssen die Schokolade _____ unter die Kinder verteilen.

2001 – 4000

0. Was passt?

a) Halsweh, Husten und Schnupfen sind
_____ Kennzeichen einer Erkältung.
(ausdrücklich/typisch/konsequent)

b) Warum bist du aufgestanden? Der Arzt hat dir doch
_____ gesagt, dass du im Bett bleiben
musst. *(hastig/ausführlich/ausdrücklich)*

c) Ich habe gleich einen Termin beim Zahnarzt. Vorher
muss ich mir noch _____ die Zähne
putzen. *(gründlich/gleichmäßig/konsequent)*

d) Es gibt leider keine neue Nachricht. Dem Patienten geht
es_____schlecht.*(üblich/konsequent/
unverändert)*

e) Jens hat Bauchweh, weil er zu _____
gegessen hat. *(hastig/typisch/üblich)*

f) Das Gerät ist ziemlich schwer zu bedienen, aber es liegt
eine _____ Gebrauchsanweisung
dabei. *(ausdrücklich/ausführlich/unverändert)*

17.2 Grad und Vergleich | 1 – 2000

1. Was kann man nicht sagen?

a) Diese Arbeit ist

□ äußerst	wichtig.
□ sehr	
□ recht	
□ besonders	
□ völlig	
□ ziemlich	
□ ganz	

b)
- ☐ Vor allem
- ☐ Insbesondere
- ☐ Äußerst
- ☐ Besonders
- ☐ Hauptsächlich
- ☐ Gerade

diese Arbeit ist wichtig.

c) Das Auto ist
- ☐ viel
- ☐ vollständig
- ☐ vollkommen
- ☐ ganz
- ☐ völlig
- ☐ total

kaputt.

d) Dieses Auto ist
- ☐ besonders
- ☐ sehr
- ☐ äußerst
- ☐ ziemlich
- ☐ erheblich
- ☐ ganz
- ☐ recht

schnell.

e) Diese Arbeit ist
- ☐ sehr viel
- ☐ kaum
- ☐ ein wenig
- ☐ völlig
- ☐ erheblich
- ☐ ein bisschen

wichtiger als die andere.

f) Ich hätte
- ☐ beinahe
- ☐ dringend
- ☐ fast

den Zug verpasst.

2000–4000

2. Welche Sätze passen zu welchem Bild?

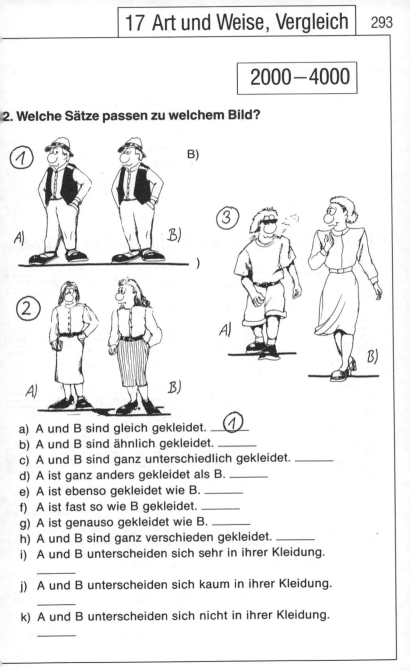

a) A und B sind gleich gekleidet. ___①___

b) A und B sind ähnlich gekleidet. _____

c) A und B sind ganz unterschiedlich gekleidet. _____

d) A ist ganz anders gekleidet als B. _____

e) A ist ebenso gekleidet wie B. _____

f) A ist fast so wie B gekleidet. _____

g) A ist genauso gekleidet wie B. _____

h) A und B sind ganz verschieden gekleidet. _____

i) A und B unterscheiden sich sehr in ihrer Kleidung.

_____

j) A und B unterscheiden sich kaum in ihrer Kleidung.

_____

k) A und B unterscheiden sich nicht in ihrer Kleidung.

_____

403. Was passt nicht?

| Das Wetter in den letzten Wochen war | ☐ vorwiegend
☐ immer
☐ stark
☐ zumeist
☐ überwiegend | gut. |

18 Farben

Grün, grün, grün sind alle meine Kleider

Grün, grün, grün sind al - le mei - ne Klei - der,

grün, grün, grün ist al - les, was ich hab.

Da - rum lieb ich al - les, was so grün ist,

weil mein Schatz ein Jä - ger, Jä - ger ist.

Altes Spiellied

2. Weiß, weiß weiß sind alle meine Kleider, weiß, weiß, weiß ist alles was ich hab. Darum lieb ich alles, was so weiß ist, weil mein Schatz ein Müller, Müller ist.

3. Blau, blau, blau sind alle meine Kleider, blau, blau, blau ist alles, was ich hab. Darum lieb ich alles, was so blau ist, weil mein Schatz ein Färber, Färber ist.

4. Bunt, bunt, bunt sind alle meine Kleider, bunt, bunt, bunt ist alles, was ich hab. Darum lieb ich alles, was so bunt ist, weil mein Schatz ein Maler, Maler ist.

5. Schwarz, schwarz, schwarz sind alle meine Kleider, schwarz, schwarz, schwarz ist alles, was ich hab. Darum lieb ich alles, was so schwarz ist, weil mein Schatz ein Schornsteinfeger ist.

19 Formen | 1 – 2000

404. Welches Nomen passt zu welcher Zeichnung?

> Bogen   Fläche   Kreis   Ecke   Kugel   Linie

a)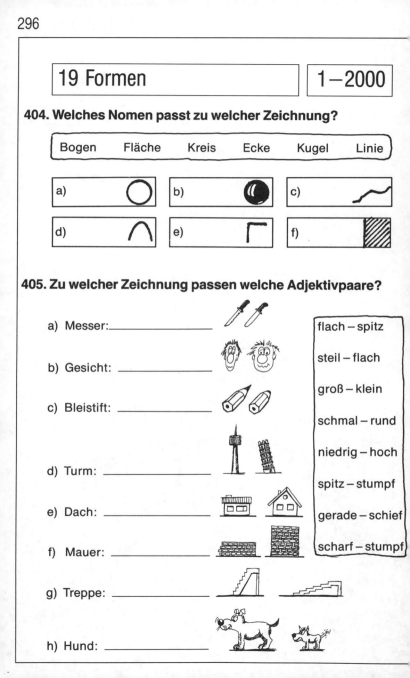

b)

c)

d)

e)

f)

405. Zu welcher Zeichnung passen welche Adjektivpaare?

a) Messer:_____

b) Gesicht: _____

c) Bleistift: _____

d) Turm: _____

e) Dach: _____

f) Mauer: _____

g) Treppe: _____

h) Hund: _____

> flach – spitz
>
> steil – flach
>
> groß – klein
>
> schmal – rund
>
> niedrig – hoch
>
> spitz – stumpf
>
> gerade – schief
>
> scharf – stumpf

2001−4000

6. Welches Nomen passt zu welcher Zeichnung?

| Kante | Quadrat | Knoten | Strich | Tiefe | Kreuz |

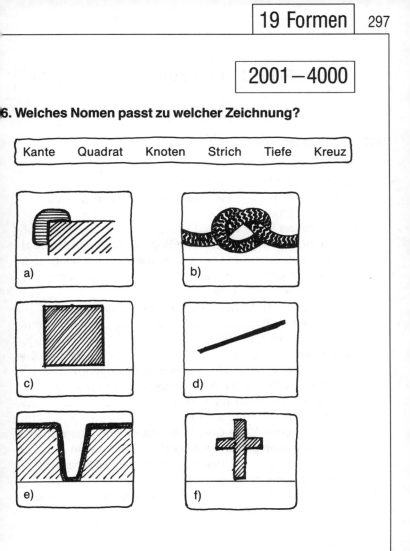

20 Ursache und Wirkung │ 1–2000

407. Welches Nomen passt?

a) Die Waldbrände in diesem Jahr sind d_____ _____
eines sehr heißen und trockenen Sommers. *(Zweck/
Grund/Folge)*

b) Die Polizei kennt d_____ _____ des Groß-
brandes noch nicht. *(Ursache/Bedingung/Voraussetzung)*

c) Mein Auto ist alt und fährt nicht mehr sehr schnell, aber
es erfüllt sein_____ _____ . *(Ergebnis/
Zweck/Zusammenhang)*

d) Kopfschmerztabletten löst man am besten in Wasser
auf; dann tritt d_____ _____ schneller ein.
(Folge/Ergebnis/Wirkung)

e) Aus welch_____ _____ wollten Sie
mit mir sprechen? *(Grund/Ursache/Bedingung)*

f) Die Verhandlungen dauern schon mehrere Wochen,
aber es gibt immer noch kein_____ _____ .
(Anlass/Ergebnis/Wirkung)

g) Letzte Woche fehlte Geld in der Kasse und jetzt wurden
zwei Kollegen entlassen. Meinst du, dass da ein _____
_____ besteht? *(Entwicklung/Vorausset-
zung/Zusammenhang)*

h) Mit mehreren Leuten in einem Raum kann ich nicht arbeiten. Ich nehme die Stelle nur unter d_____ _____
_____ an, dass ich mein eigenes Büro
bekomme. *(Bedingung/Ursache/Anlass)*

8. Wie passen die Dialogteile zusammen?

a) | Warum beeilst du dich so sehr?

A) | Ich werde weniger essen, natürlich!

b) | Weißt du, wie das Feuer entstanden ist?

B) | Sie braucht viel Licht, sonst entwickelt sie sich nicht richtig.

c) | Wie ist der Autounfall passiert?

C) | Die Ursache war wahrscheinlich eine defekte Gasleitung.

d) | Du hast also 3 Kilo zugenommen. Und was folgt daraus?

D) | Um schnell fertig zu werden. Ich habe gleich eine Verabredung.

e) | Wollt ihr das Fest im Haus oder im Garten feiern?

E) | Auf der Autobahn ist der rechte Vorderreifen geplatzt.

f) | Warum stellst du die Pflanze ans Fenster?

F) | Das ist vom Wetter abhängig.

a	b	c	d	e	f

2001–4000

9. Welches Verb passt?

beruhen   verursachen   erleiden   abhängen   auslösen
verdanken   vorkommen   ergeben   bedingen

a) Die Verunglückten _____ ihre Rettung nur dem Zufall.

b) Der ganze Streit _____ auf einem Missverständnis.

c) Diese Arbeit _____ viel Zeit und Geduld.

d) Seine Bemerkung hat eine lange Diskussion _____ .

e) So ein schwerer Fehler darf nicht wieder _____ .

f) Der Unfall wurde durch zu schnelles Fahren _____ .

g) Die ärztliche Untersuchung hat _____ , dass Herr Funke einen Herzfehler hat.

h) Die deutsche Fußballmannschaft hat beim Spiel gegen England eine schwere Niederlage _____ .

i) Ich bekomme kein festes Gehalt. Die Höhe meines Einkommens _____ davon _____ , wieviel ich arbeite.

410. Welches Nomen passt?

a) Die Feuerwehr konnte d_____ _____ des Brandes auf andere Häuser im letzten Moment verhindern. *(Flamme/Herkunft/Ausweitung)*

b) Die Kritik seiner Kollegen hatte keinerlei _____ auf sein Verhalten. *(Auswirkung/Faktor/Grundlage)*

c) D_____ _____ des Medikaments hängt davon ab, ob es regelmäßig genommen wird. *(Funktion/ Wirksamkeit/Konsequenz)*

d) Die Geschichtswissenschaftler wissen wenig über d _____ _____ dieses Volkes. *(Ursprung/Faktor/ Prinzip)*

e) Dieses Gerät schaltet sich um 20.00 Uhr automatisch ab. Es ist nur tagsüber in _____ . *(Reaktion/ Explosion/Funktion)*

f) Jochen will plötzlich mit seinem Studium aufhören. Ich glaube nicht, dass ihm d_____ _____ klar sind. *(Prinzipien/Faktoren/Konsequenzen)*

21 Zustand und Veränderung | 1-2000

411. Was passt zusammen? Verbinden Sie!

a) dünner werden
   schlanker werden
   Größe/Gewicht verlieren: _____

b) fertig machen,
   zu einem Schluss
   kommen: _____

c) kaputt machen: _____

d) geschlossen sein
   nicht offen sein: _____

e) flüssig werden
   flüssig machen: _____

f) wechseln
   anders machen: _____

zu sein

schmelzen

ändern

zerstören

abnehmen

beenden

412. Welches Nomen passt?

Zustand   Ablauf   Wechsel   Entwicklung

a) Der Kurswert des Dollars ist im letzten Jahr um 50%
   gestiegen. Mit dieser _____ hatte niemand
   gerechnet.

b) Der _____ der Sportveranstaltung war
   genau geplant.

c) Das Haus ist zwar alt, aber es ist in einem guten
   _____.

d) Ich muss aus beruflichen Gründen ins Ausland gehen.
   Meine Familie wird auch mitkommen, obwohl der
   _____ für die Kinder sicher schwierig sein wird.

2001—4000

3. Welches Verb passt?

> verlaufen erweitern ausbreiten zerbrechen steigen

a) Das Feuer hat sich auch auf die Nachbarhäuser

_____ .

b) Diese Tasse ist mir gerade auf den Boden gefallen und
dabei _____ .

c) Das Geschäft hat sein Angebot _____ und
verkauft jetzt auch Teppiche.

d) Die Diskussion ist sehr ruhig _____ .

e) Nächste Woche soll die Lufttemperatur wieder

_____ .

4. Welches Nomen passt?

> Erweiterung Rückgang Phase Verlauf
> Vorgang Anzeichen Gleichgewicht Ausgangspunkt

a) Ich war gestern auf einer Party. Im _____
des Abends habe ich viele nette Leute kennen gelernt.

b) Dieser Zeuge hat den Raubüberfall beobachtet; er kann
den _____ genau beschreiben.

c) In den Sommermonaten gab es einen _____
der Arbeitslosenzahlen von 2,4% auf 2,1%.

d) Die Verhandlungen befinden sich zur Zeit in einer
schwierigen _____ .

e) Weil die Anzahl der Flüge ständig zunimmt, ist eine
_____ des Flughafens geplant.

f) _____ der Diskussion war die Frage,
ob auf den Autobahnen eine Geschwindigkeitsbegren-
zung eingeführt werden sollte.

g) Kannst du auf einem Bein stehen und trotzdem das
_____ halten?

h) Fieber ist oft das erste _____ einer Krankheit.

Lösungsschlüssel

Ü1 (11) der Arm (6) das Auge (12) der Bauch (16) das Bein (5) die Brust (14) der Finger (17) der Fuß (2) das Haar (4) der Hals (13) die Hand (10) das Herz (15) das Knie (1) der Kopf (8) der Mund (7) die Nase (3) das Ohr (9) der Zahn

Ü2 a) Gesicht b) Größe c) Haut d) Rücken e) Kraft f) Körper g) Blut

Ü3 d) die Backe a) das Gehirn f) das Kinn c) das Lid e) die Lippe b) die Stirn

Ü4 a) Muskeln b) Schweiß c) Organ d) Gelenk e) Leib f) Knochen g) Glieder h) Magen i) Schultern j) Rippen k) Faust l) Nerv

Ü5 niedrig, dick

Ü6 a) Fuß b) Zeh(e) c) Bauch d) Ellbogen e) Lunge f) Bart g) Atem h) Gehirn i) Lippen j) Haut k) Beine

Ü7 a) hoch, niedrig b) eng c) günstig

Ü8 a) Schönheit b) Haltung c) Figur d) Aussehen

Ü9 a) mager, schlank b) schwach, blond c) klein, dick d) blass, mager e) glatt, blass f) blond, eng g) blond, jung

Ü10 a) schnell, im letzten Jahr, nur wenig, fünf Kilo, viel b) blass, krank, komisch, klug, hässlich

Ü11 a) bewusst b) vernünftig c) intelligentes d) kluge

Ü12 a) keine Erfahrung b) keine Vernunft c) eine Erinnerung d) ein sehr gutes Gedächtnis e) kein guter Gedanke f) kein Interesse g) gute Kenntnisse h) den Verstand

Ü13 a) A.(2) B.(1) C.(3) b) A.(2) B.(1) C.(3) c) A.(2) B.(1) d) A.(3) B.(1) C.(2) e) A.(1) B.(2) C.(3) f) A.(2) B.(3) C.(4) D.(1) g) A.(1) B.(4) C.(2) D.(3)

Ü14 a) vorstellen b) erinnern c) denke nach d) aufgepasst e) missverstanden f) interessiert

Ü15 a) geschickt b) gewandt c) dumm d) gescheites e) verrückt f) weise

Ü16 a) verstehen *(verstanden)* b) Verständnis haben *(Wir haben kein Verständnis dafür, dass das Gericht …)* c) zu der Überzeugung kommen *(Klaus ist zu der Überzeugung gekommen, dass …)* d) Information bekommen *(Gestern habe ich die Information bekommen, dass …)* e) begreifen *(… nicht richtig begriffen)* f) entwickeln *(… Packmaschine entwickelt)* g) bedenken *(… genau bedacht)*

Ü17 a) eine gute Idee/ein guter Einfall b) Phantasie c) keine Neigung/keine Lust d) eine falsche Vorstellung e) das berufliche Können f) der Erkenntnis g) eine technische Erfindung

Ü18 a) bescheiden b) neugierig c) sparsam d) ehrlich e) fleißig f) geduldig g) gerecht h) streng i) zuverlässig j) nett k) anständig (ehrlich) l) eingebildet

Ü19 a) verlegen b) ernsthaft c) großzügig d) stolz e) leichtsinnig f) würdig (würdigen)

Ü20 a) Mut b) Laune c) Neugier d) Sorgfalt e) Einbildung f) Wille

Ü 21   a) faul b) unordentlich c) humorvoll (humorvoller) d) ernst e) sorgfältig f) nervös g) schüchtern h) unselbstständig i) fair

Ü 22   a) Frisur b) Wetter c) Herz d) Hunger e) Fehler f) Lust g) Hoffnung

Ü 23   a) lachen b) lächeln c) fühlen d) genießen e) freuen f) hoffen g) lieben h) empfinden

Ü 24   a) Hoffnung b) Liebe c) Lust d) Stimmung e) Freude

Ü 25   a) zufrieden b) verliebt c) fröhlich d) erfreut e) heiter f) zärtlich

Ü 26   a) Erleichterung b) Gefühl c) Glück d) Lachen e) Leidenschaft f) Spaß g) Lächeln

Ü 27   a) Angst b) Sorge c) Trauer d) Wut e) Ärger f) Aufregung

Ü 28   a) verzweifelt/unglücklich (ärgerlich/traurig) b) wütend/ärgerlich/böse c) unangenehm d) unglücklich e) traurig/unglücklich (verzweifelt) f) ärgerlich (unangenehm) g) böse/ärgerlich (wütend)

Ü 29   a) bedauern b) sich fürchten c) sorgen d) sich aufregen

Ü 30   a) besorgt b) erregt c) hoffnungslos d) einsam e) zornig f) eifersüchtig g) erschüttert

Ü 31   a) beunruhigen b) schockieren c) schämen d) vermissen e) hassen

Ü 32   a) Fieber b) Grippe c) Husten d) Verletzung e) Schmerzen f) Pille g) Wunde h) Verband i) Erkältung j) Gesundheit k) Krankheit

Ü 33   a) hoch, groß b) klein, leise c) niedrig, hoch d) nett, hoch e) laut, gut f) leise, niedrig g) hoch, dick

Ü 34   a) leiden b) sich verletzen (schmerzen, bluten) c) husten d) sich erkälten e) schmerzen (bluten, sich verletzen) f) bluten (schmerzen, sich verletzen)

Ü 35   a) Kopfschmerzen, Kopfweh b) Ohrenschmerzen c) Zahnschmerzen d) Halsschmerzen

Ü 36   a) Übelkeit b) Lebensgefahr c) Leiden d) Ohnmacht

Ü 37   a) giftig b) blind c) ohnmächtig d) taub e) lahm

Ü 38   a) Geburt b) Kindheit c) Jugend d) Berufsleben e) Alter f) Tod

Ü 39   a) alt b) geboren c) jung gestorben d) tödlich … tot

Ü 40   a) Begräbnis b) Selbstmord c) Alter d) Erbe e) Krise

Ü 41   a) anfassen, fühlen, greifen b) ansehen, beobachten, betrachten, blicken, schauen, sehen c) hören d) riechen

Ü 42   a) schwitzen b) frieren c) schlafen d) weinen

Ü 43   a) frieren b) weinen c) riechen d) hören e) anfassen f) schlafen g) träumen

Ü 44   a) Schlaf b) Geschmack c) Blick d) Geruch e) Träne f) Traum g) Blick h) Geschmack i) Traum

Ü 45   a) erkennen (erkannt) b) zusehen c) starren (starrt) d) wahrnehmen (wahrgenommen)

Ü 46   a) erschöpft sein ermüden schläfrig sein ins Bett gehen b) aufwachen aufwecken wecken aufstehen (schläfrig sein)

Ü 47 a) (Zähne)putzen b) wischen c) spülen d) sich duschen e) waschen f) sich kämmen g) abtrocknen

Ü 48 a) die Seife, die Wäsche b) sich die Zähne, die Wohnung c) den Teppich, den Fußboden d) die Teller, sich die Füße e) den Pullover, die Wäsche f) den Staub, sich die Haare

Ü 49 a) der Fleck b) die Bürste c) die Seife d) das Handtuch e) die Dusche f) die Creme g) das Bad h) der Kamm

Ü 50 a) Rasierapparat b) Rasierklinge c) Schwamm d) Zahnpastatube e) Waschmaschine f) Puder

Ü 51 a) beschließen (beschlossen) b) sich beteiligen (Möchtest du dich nicht auch beteiligen?) c) vorhaben (Jens hat vor, …) d) gelingen (Es ist mir gelungen, die …) e) sich bemühen (Ich bemühe mich seit Tagen, …) f) besorgen g) erledigen (erledigt)

Ü 52

a	b	c	d
C	A	D	B

Ü 53 a) tut/macht b) arbeitet c) tut d) gemacht e) machen f) tun (machen, arbeiten) g) getan h) getan/gemacht i) arbeitet j) tun k) gearbeitet l) machen m) machen n) tun o) gemacht p) tut q) macht r) Tu/mach(e) s) machen t) getan

Ü 54 a) Plan b) Absicht c) Mühe d) Beschäftigung e) Handlung f) Tätigkeit (Beschäftigung) g) Werk

Ü 55 a) ein Ziel b) ein Glas Milch c) ein Schwimmbad d) eine Angewohnheit e) den Weg zum Bahnhof f) Spaß

Ü 56 a) befassen b) beabsichtigen c) durchsetzen d) anstrengen e) beachten

Ü 57 a) Angewohnheit b) Anstrengung c) Bemühung d) Überwindung e) Planung

Ü 58 a) Er fährt Auto. b) Sie liegt auf einem Sofa. c) Er wartet auf den Bus. d) Er tritt einen Ball. e) Sie geht spazieren. f) Sie springt über einen Bach. g) Er stürzt beim Skilaufen. h) Er setzt sich auf einen Stuhl. i) Er rennt zur Bushaltestelle. j) Er steht an einer Bar.

Ü 59 a) ausruhen b) Kommt c) beeilen d) bin da e) befindet f) bleiben

Ü 60 a) Schritt b) Aufenthalt c) Ruhe d) Eile e) Bewegung f) Sprung

Ü 61 a) vorbei b) zurück c) weiter d) weg

Ü 62 a) klettern b) aufstehen c) fallen d) sich umdrehen e) überqueren f) kriechen g) ausrutschen (fallen) h) anlehnen

Ü 63 a) holen b) stellen c) bringen d) schicken

Ü 64 a) hängen b) wenden c) tragen d) schieben e) drehen f) werfen g) rollen

Ü 65 a) schwimmen b) schleppen c) treiben d) schütteln e) trömen f) treiben

Ü 66 a) einen guten Geschmack b) ein gutes Gehalt c) das Tisch-tuch auf dem Tisch d) schnelles Arbeiten e) die Temperatur f) eine schöne Erinnerung g) auf einem Berg

Ü 67 a) bieten b) tauschen c) Gibst (geben) d) Nehmen e) anbieten f) danke (danken) g) Haben h) brauche (brauchen)

Ü 68 a) aufgeteilt (aufteilen) b) reicht (reichen) c) verleiht (verlei-hen) d) zurückgeben e) abgeben f) benötigen g) umtauschen h) wegnehmen i) verweigerte (verweigern)

Ü 69 a) überreichen (übergeben) b) übernehmen c) übergeben d) überlassen

Ü 70 a) wechseln b) heben c) reiben d) füllen e) kleben f) wickeln g) stechen h) pressen i) mahlen j) drücken k) schneiden l) sich kratzen m) biegen n) graben o) brechen p) gießen

Ü 71 a) hängen b) mischen c) anwenden d) stecken e) zumachen/öffnen f) aufräumen g) aufhören h) abmachen

Ü 72 a) verlieren b) kürzen c) finden d) sammeln e) verhindern f) verstecken

Ü 73 a) schließen b) Legen c) aufhalten d) gewogen *(wiegen)* e) behandelt *(behandeln)* f) gebrauchen *(verwenden)* g) ver-wenden *(gebrauchen)* h) leihen i) ziehen j) getreten *(treten)*

Ü 74 a) Verbrauch b) Anwendung c) Sammlung d) Verwendung

Ü 75 a) das Wasser b) den Stadtplan c) ein Fahrrad d) das Früh-stück e) die Angst vor der Prüfung f) die Brieftasche g) die Haustür h) das Wetter

Ü 76 a) festhalten b) treten c) leiten d) dulden e) treffen f) ersetzen g) ändern h) finden

Ü 77 a) dünn b) dick c) schwach d) schmal e) groß f) scharf g) kalt h) dick i) schwach

Ü 78 a) dulden b) kümmern c) pflegen d) ersetzen e) treffen f) sorgen g) versorgen h) schaffen

Ü 79 a) Führung b) Suche c) Pflege d) Kontrolle e) Gewohnheit f) Schwierigkeiten g) Verantwortung h) Warnung i) Vorsicht j) Versprechen

Ü 80 a) angezündet *(anzünden)* b) zerrisssen *(zerreißen)* c) zu-sammenlegen d) geklopft *(klopfen)* e) genäht *(nähen)* f) strei-chen g) aufmachen h) auseinandernehmen i) abschneiden j) sägen

Ü 81 a) die Kerze b) eine Frage c) einen guten Gedanken d) das Fenster e) Nudeln in der Suppe f) Luft g) das Holz h) die Wurst aufs Brot i) den Fruchtsaft j) den Regen k) die Uhrzeit l) einen Hund m) eine Tischdecke

Ü 82 a) spannen b) aufmachen c) senken

Ü 83 a) die Überraschung b) die Bemühung c) die Luft d) Aufsicht e) eine Prüfung f) mit einem Buch g) einen Fehler h) einen Berg i) die Störung j) das Wasser k) das Wetter l) die Prüfung

Ü 84 a) aufgegeben (aufgeben) b) beherrscht (beherrschen) c) einbeziehen d) stützen e) enthält (enthalten) f) eingegangen (eingehen) g) nachahmen h) nachgegeben (nachgeben) i)

umgedreht (umdrehen) **j)** umgehen **k)** verbindet (verbinden) **l)** überraschen

Ü 85

a	b	c	d	e	f	g
B	G	F	A	D	C	E

Ü 86 **a)** Zeile **b)** Regal **c)** Korrektur **d)** Theorie **e)** Buchstabe **f)** Begriff **g)** Bibliothek **h)** Rechnung **i)** Seite **j)** Regal

Ü 87 **a)** Wissenschaftler **b)** Bibliothek **c)** Rechnung **d)** Theorie **e)** Fähigkeit **f)** Seite

Ü 88 **a)** Naturwissenschaft **b)** Beispiel **c)** Fortschritte **d)** Fach **e)** Bildung **f)** Geschichte

Ü 89

a	b	c	d	e	f	g	h
C	G	B	E	A	D	F	H

Ü 90 **a)** Chemie **b)** Germanistik **c)** Philosophie **d)** Physik **e)** Biologie **f)** Geographie

Ü 91

a	b	c	d	e	f	g	h	i	j
J	G	B	C	F	E	H	I	A	D

Ü 92 **a)** Blatt **b)** Formel **c)** Notiz **d)** Praxis **e)** Übersetzung

Ü 93 **a)** ein Gespräch **b)** eine Bücherei **c)** beim Schlafen **d)** zu bedeuten **e)** den Überblick

Ü 94 **a)** schweigen **b)** antworten **c)** Antwort **d)** leise **e)** ruhig

Ü 95 **a)** Aussprache **b)** Laut **c)** Witz **d)** Verständigung **e)** anhören **f)** schweigsam

Ü 96 **a)** Muttersprache **b)** Aussage **c)** Stimme **d)** Bemerkung **e)** Gespräch **f)** Ausdruck **g)** Mitteilung

Ü 97 **a)** erzählen **b)** spricht (sprechen) **c)** gesagt (sagen) **d)** geredet (reden) **e)** wiederholen **f)** rufen **g)** mitteilen

Ü 98 **a)** ausdrücken **b)** besprechen **c)** schildern **d)** benachrichtigen **e)** vereinbaren

Ü 99 **a)** schweigen **b)** flüstern **c)** sprechen **d)** rufen **e)** schreien

Ü 100

a	b	c	d	e
D	B	E	A	C

Ü 101 **a)** Schilderung **b)** Besprechung/Unterredung **c)** Anmerkung **d)** Schrei **e)** Vereinbarung

Ü 102 **a)** Schrift **b)** Rechtschreibung **c)** Bleistift **d)** schriftlich **e)** unlesbar

Ü 103 **a)** berichten **b)** erklären **c)** melden **d)** informieren **e)** beschreiben **f)** zeigen

Ü 104 **a)** Auskunft **b)** Neuigkeiten **c)** Bericht **d)** Erklärung **e)** Rat **f)** Beschreibung **g)** Nachricht **h)** Information (Auskunft)

Ü 105 **a)** ein Wort **b)** einen Tipp **c)** nach Hause **d)** die Rechtschreibung **e)** die Wohnung über der Bäckerei

Ü 106 **a)** der Meinung/der Ansicht **b)** seine Meinung/seine Ansicht/ seinen Standpunkt **c)** dem Standpunkt **d)** die Meinung

e) meiner Meinung/meiner Ansicht **f)** ihre Meinung **g)** meinem Standpunkt

Ü 107 **a)** festgestellt *(feststellen)* **b)** empfehlen **c)** begründet *(begründen)* **d)** meine *(meinen)* **e)** überredet *(überreden)* **f)** überzeugt *(überzeugen)*

Ü 108 **a)** unerwartet **b)** selbstverständlich **c)** ungewöhnlich **d)** sachlich

Ü 109 **a)** andererseits **b)** sowieso **c)** gewissermaßen **d)** allerdings **e)** ohnehin

Ü 110 **a)** Auffassung/Überzeugung **b)** Argument **c)** Urteil **d)** Auffassung/Überzeugung/Argument/Urteil/Stellungnahme/Einstellung **e)** Auffassung/Einstellung **f)** Stellungnahme **g)** Überzeugung

Ü 111 **a)** Dennoch **b)** einverstanden **c)** gegen **d)** meinetwegen **e)** unbedingt **f)** egal **g)** lieber

Ü 112 **a)** beschweren **b)** widersprechen **c)** ablehnen **d)** wählen **e)** zugeben

Ü 113 **a)** Wahl **b)** Zustimmung **c)** Bedenken **d)** Ablehnung **e)** Beschwerde

Ü 114 **a)** Übereinstimmung, Kompromiss, Übereinkunft **b)** Klage, Protest, Vorwurf

Ü 115 **a)** anerkennen **b)** bedenken **c)** erwidert *(erwidern)* **d)** stimmen ... überein *(übereinstimmen)*

Ü 116 **a)** gewiss, bestimmt, tatsächlich **b)** anscheinend, möglicherweise, vermutlich, wohl, eventuell, voraussichtlich

Ü 117 **a)** Eindruck **b)** Annahme (Möglichkeit) **c)** Frage **d)** Zweifel **e)** Möglichkeit **f)** Irrtum **g)** Sicherheit

Ü 118

a	b	c	d	e	f	g
D	E	B	F	G	A	C

Ü 119 **a)** erraten **b)** beweisen **c)** entschließen **d)** ausschließen **e)** bezweifle *(bezweifeln)* **f)** Rate *(raten)* **g)** geklärt *(klären)*

Ü 120

a	b	c	d
D	B	A	C

Ü 121

a	b	c	d	e	f	g	h	i	j	k	l
G	I	F	C	D	E	L	J	B	K	A	H

Ü 122 **a)** der Tisch **b)** der Gedanke **c)** der Himmel **d)** der Pullover **e)** die Temperatur **f)** das Problem

Ü 123 **a)** Wahrheit **b)** Lob **c)** Vorteil **d)** Widerspruch

Ü 124 **a)** halte *(halten)* **b)** gewundert *(wundern)* **c)** gelohnt *(lohnen)* **d)** gefallen **e)** bewundern **f)** ziehe ... vor *(vorziehen)* **g)** mag *(mögen)* **h)** gelobt *(loben)* **i)** verdient *(verdienen)*

Ü 125 **A) positive Wertung:** a), c), e), f), h), j), l), m) **B) negative Wertung:** b), d), g), i), k)

Ü 126

a	b	c	d	e
C	E	B	D	A

Ü 127 a) Mangel b) Unsinn c) Kritik d) Nachteile e) Probleme

Ü 128 a) kompliziert b) kritisch c) kritisch d) schlecht
e) merkwürdig f) schlecht g) schlimm h) unmöglich i) vergeblich

Ü 129 a) Atem b) Erlaubnis c) Haus d) Wahrheit e) Blume f) Geld
g) Vernunft

Ü 130 a) auffordern b) verlangen c) wünschen d) weigern e) erlauben f) bitten

Ü 131 a) darf b) wollen c) dürfen d) muss e) musst f) wollen

Ü 132 a) Forderung b) Verbot c) Vorschlag d) Bitte (Wunsch)
e) Wunsch f) Erlaubnis

Ü 133

a	b	c	d	e	f	g	h
C	D	F	A	B	G	H	E

Ü 134

a	b	c	d	e	f	g	h	i	j	k	l
C	E	H	F	G	L	K	D	A	J	I	B

Ü 135 a) Kind b) Jugendlicher/Jugendliche c) Erwachsener/Erwachsene d) Mann e) Frau f) Mensch

Ü 136 a) Vorname b) Familienname (Zuname) c) Name

Ü 137

a	b	c	d	e
B	E	D	A	C

Ü 138 a) Herr b) Frau c) Baby d) Dame e) Personen f) Titel g) Geschlecht

Ü 139 a) Sohn b) Schwester c) Eltern d) Bruder e) Tochter f) Ehefrau g) Geschwister h) Ehemann i) Familie j) Mutter k) Vater

Ü 140 a) Ehepaar b) Verwandter c) Kuss d) Onkel e) Paar f) Ehe
g) Tante

Ü 141 a) Erziehung b) Witwe c) Bräutigam d) Tante e) Nichte

Ü 142 a) ledig sein b) sich verlieben c) sich verloben d) heiraten
e) sich scheiden lassen

Ü 143

a	b	c	d	e	f	g
C	F	D	B	G	A	E

Ü 144 a) Freunde b) Fremder c) Bekannte d) Freundschaft e) Gesellschaft f) Wiedersehen g) Pflicht

Ü 145

a	b	c	d
B	D	C	A

Ü 146 a) Verkäufer/Verkäuferin b) Bäcker/Bäckerin c) Bauer/Bäuerin d) Hausfrau/Hausmann e) Sekretär/Sekretärin f) Techni-

ker/Technikerin **g)** Beamter/Beamtin **h)** Politiker/Politikerin
i) Ingenieur/Ingenieurin

Ü147 **a)** Unternehmer(in) **b)** Metzger(in) **c)** Bauarbeiter(in)
d) Wirt(in) **e)** Friseur/Friseuse **f)** Schneider(in) **g)** Journa-
list(in) **h)** Vertreter(in)

Ü148

a	b	c	d	e	f	g	h	i
G	B	A	H	C	D	E	I	F

Ü149 **a)** Aufstiegs **b)** Elend **c)** Autorität **d)** Ehre **e)** Status **f)** Ansehen
g) Abstieg **h)** Rang

Ü150 **a)** behandeln **b)** vertrauen **c)** erwarten **d)** beruhigen **e)** abmachen **f)** entschuldigen **g)** bedanken **h)** verhalten

Ü151 **a)** Vertrauen **b)** Rücksicht **c)** Einfluss **d)** Hilfe **e)** Verhalten
f) Verzeihung/Entschuldigung

Ü152 **a)** Brauch **b)** Gelächter **c)** Respekt **d)** Scherz

Ü153 **a)** den Weg zum Flughafen **b)** die Milch vor der Katze **c)** sich
mit einem Buch **d)** den schweren Koffer **e)** einen Brauch
f) die Fenster des Hauses **g)** das Bild an die Wand

Ü154 **a)** enttäuschen **b)** gedroht *(drohen)* **c)** lügen **d)** ärgern
e) streiten **f)** erschreckt *(erschrecken)*

Ü155

a	b	c	d	e	f
E	C	B	F	D	A

Ü156 **a)** sich mit der Zahnbürste **b)** den Koffer zum Bahnhof **c)** das
Glas aus dem Schrank **d)** einen Streit **e)** ein Stück Fleisch
f) sich beim Schlafen **g)** einen Teller Suppe

Ü157 **a)** Besuch/Gäste **b)** Nachbar **c)** Mitglied **d)** Leute/Gäste
e) Fußballverein/Fußballklub **f)** Feste/Parties

Ü158 **a)** vorstellen **b)** verabschieden **c)** kennen lernen **d)** empfangen **e)** veranstalten **f)** vorbeikommen

Ü159 **a)** Kontakt **b)** Gastgeber **c)** Verabredung **d)** Treffen **e)** Veranstaltung **f)** Versammlung

Ü160

a	b	c	d	e	f
C	F	B	D	E	A

Ü161 **a)** Unglück, Gefahr, Not, Schaden, Pech, Zufall **b)** Erfolg,
Glück, Chance, Freude, Zufall

Ü162 **a)** ein Opfer **b)** Der Brand **c)** einen Gewinner **d)** glücklicherweise **e)** ein Risiko

Ü163 **a)** Ausweg **b)** Gewinne **c)** Lage **d)** Misserfolg **e)** Notfall
f) Rettung

Ü164 **a)** Fenster **b)** Dachboden **c)** Wand **d)** Bad **e)** Stecker
f) Heizung **g)** Garten **h)** Wohnung

Ü165 **a)** schwer **b)** gemütlich **c)** kurz **d)** sympathisch **e)** schnell
f) leicht **g)** weich **h)** langsam **i)** fett

Ü166 **a)** wohnen **b)** abschließen **c)** mieten **d)** klingeln

Ü 167 a) Neubau b) Aufzug/Lift c) Wohnzimmer d) Schlafzimmer
e) Decke f) Saal g) Fassade h) Hof i) Tor j) Vermieter k) Halle

Ü 168

a	b	c	d	e	f	g
B	E	F	G	A	D	C

Ü 169 a) Tisch b) Bett c) Schrank d) Kühlschrank e) Sessel f) Stuhl
g) Lampe h) Ofen i) Sofa j) Teppich

Ü 170 a) eine große Bank b) eine Decke c) Fach d) eine bessere
Einrichtung

Ü 171

a	b	c	d	e	f	g	h	i	j	k
D	E	J	F	B	A	H	C	I	G	K

Ü 172 a) Tasse b) Schere c) Geschirr d) Nadel e) Pfanne

Ü 173

a	b	c	d	e	f	g	h	i
C	F	G	I	D	B	E	H	A

Ü 174 a) Dinge/Sachen b) Sache c) ein Ding (einen Gegenstand)
d) Dinge/Sachen/Gegenstände e) dieses alte Ding

Ü 175 a) Griff b) Wäsche c) Klingel d) Kette e) Kiste f) Schachtel

Ü 176 a) Waschlappen b) Brieftasche c) Kessel d) Hammer
e) Feuerzeug f) Kalender g) Nagel h) Waage i) Wecker

Ü 177

a	b	c	d	e	f	g	h	i
C	G	I	H	F	B	E	D	A

Ü 178 a) Schlauch b) Untertasse c) Glühbirne d) Papierkorb e) Sack
f) Grill

Ü 179 a) Kopftuch, Hut, Mütze b) Pullover, Hemd, Bluse, Jacke
c) Rock, Hose, d) Socken, Schuhe, Strümpfe e) Kleid, Mantel

Ü 180 a) Gürtel b) Knopf c) Ring d) Uhr e) Leder f) Stoff g) Mode

Ü 181 a) Reißverschluß b) Anzug c) Uniform d) Unterwäsche
e) Ärmel f) Handschuhe g) Perlenkette h) Jackett

Ü 182

a	b	c	d	e	f
E	C	F	D	A	B

Ü 183 a) ein Gewürz b) ein Rezept c) ein Restaurant d) ein Brot
e) ein Trinkgeld f) eine Speisekarte g) den Hunger

Ü 184 a) Kiosk b) Teller c) Gewicht d) Hunger e) Geschmack

Ü 185 a) Flasche b) Gericht c) der Koch d) Imbiss e) kochen

Ü 186 a) Abendessen b) Ober c) Essen (Gericht) d) Appetit e) Löffel
f) Gericht

Ü 187 a) Butter, Käse, Margarine, Sahne b) Schweinefleisch, Wurst,
Schnitzel, Kotelett, Rindfleisch c) Kuchen, Brot

Ü 188 a) Soße b) Eis c) Gemüse d) Suppe e) Zucker f) Ei g) Pfeffer
h) Marmelade

Ü 189 a) scharf (sauer) b) roh c) haltbar d) süß e) sauer

Ü 190 a) Wurst b) Gewicht c) Schokolade d) Brötchen e) Würstchen

Ü 191

a	b	c	d	e
D	E	A	B	C

Ü 192 **a)** Birne **b)** Apfel **c)** Nuss **d)** Kartoffel **e)** Salat **f)** Orange/Apfelsine **g)** Obst **h)** Kirsche

Ü 193 **A) Gemüse:** Erbsen, Bohnen, Kohl, Karotten/Möhren
B) Obst: Bananen, Kirschen, Zitronen, Äpfel, Orangen, Erdbeeren

Ü 194 **a)** Alkohol, Getränk, Kaffee, Milch, Saft, Wein, Bier, Tee
b) Glas, Flasche, Tasse **c)** Tabak, Pfeife, Zigarre, Zigarette

Ü 195 **a)** zäh **b)** dick **c)** zart **d)** hart **e)** fett **f)** breit **g)** dick **h)** sauer

Ü 196

a	b	c	d	e	f
C	D	F	E	A	B

Ü 197 **a)** Patient **b)** Rezepte **c)** Apotheke

Ü 198 **a)** Thermometer **b)** Gift **c)** Spritze **d)** Krankenwagen

Ü 199 **a)** Facharzt **b)** Operation **c)** Medizin **d)** Krankenkasse
e) Sprechstunde **f)** Behandlung **g)** Chirurg

Ü 200 **a)** Konkurrenz **b)** Steuern **c)** Umsatz **d)** Versicherung **e)** Aufträge **f)** Gewinne

Ü 201 **a)** Werbung **b)** Lager **c)** Produktion **d)** Buchführung **e)** Wirtschaft

Ü 202 **a)** Steigerung **b)** Börse **c)** Lieferung **d)** Krise **e)** Garantie
f) Prospekte

Ü 203 **a)** Lieferung **b)** Firma **c)** Chef **d)** Krise **e)** Bedarf **f)** Sport
g) Ersatzteile

Ü 204 **a)** verbraucht *(verbrauchen)* **b)** produziert *(produzieren)*
c) ruiniert *(ruinieren)* **d)** exportieren **e)** versichert *(versichern)* **f)** importieren

Ü 205 **a)** Bäckerei **b)** Marke **c)** Kasse **d)** Preis **e)** Kunde **f)** Händler
g) Kaufhaus **h)** Metzgerei

Ü 206 **a)** Quittung **b)** Vorrat **c)** Supermarkt **d)** Kiosk

Ü 207 **a)** kaufen **b)** handeln **c)** aussuchen **d)** zahlen **e)** kosten

Ü 208 **a)** eine Drogerie **b)** eine große Auswahl **c)** einen guten Service **d)** der Besitzer **e)** eine Reinigung **f)** Werbung **g)** eine Schlange

Ü 209 **a)** Währung **b)** Verlust **c)** Konto

Ü 210 **a)** sparen **b)** verlassen **c)** wechseln **d)** verdienen **e)** kaufen

Ü 211 **a)** bar **b)** Münze **c)** Schein **d)** bargeldlos **e)** Scheck (Überweisung) **f)** Überweisung (Scheck)

Ü 212 **a)** Vermögen, Verdienst, Gewinn, Einkommen, Rente **b)** Verluste, Ausgaben, Schulden

Ü 213

a	b	c	d	e	f
C	E	B	F	A	D

Ü 214 **a)** arbeiten **b)** erledigen **c)** kündigen **d)** bewerben **e)** beschäftigen **f)** vertreten **g)** tippen **h)** einstellen

Ü 215 a) Chef, Personal, Arbeiter, Angestellter, Meister b) Büro, Halle, Werk, Betrieb, Werkstatt c) Freizeit, Ferien, Pause, Urlaub

Ü 216 a) Vertrag b) Computer c) Angelegenheit d) Mühe e) Verantwortung

Ü 217 a) Qualität b) Computer c) Kopie d) Urlaub

Ü 218 a) Termin b) Projekt c) Handwerk d) Vertreter e) Konferenz f) Aktie g) Kollege h) Handwerk i) Unterschrift

Ü 219

a	b	c	d	e
D	B	C	E	A

Ü 220 a) Gewerkschaft ... Streik ... Tarife (Lohntarife) b) Arbeitslosigkeit c) Misserfolge d) Arbeitszeit ... Belastung e) Beratung f) Anforderungen g) Sitzung h) Unterschrift i) Mitarbeiter(n) ... Zusammenarbeit j) Abteilungen

Ü 221 a) verpachten b) leiten c) entlassen d) anstellen e) streiken f) unterschreiben

Ü 222 a) Anruf (Gespräch) b) Porto c) Telefonzelle d) Telefon e) Adresse (Anschrift) f) Telefonbuch g) Paket h) Empfänger

Ü 223 a) Briefträger b) Telefonkabine c) Briefumschlag d) Briefmarke e) Postkarte f) Briefkasten g) Postamt h) Schalter

Ü 224 a) Einschreiben b) Drucksache c) Luftpost d) Postanweisung e) postlagernd

Ü 225 a) Absender b) Briefmarke c) Empfänger d) Adresse/Anschrift e) Postleitzahl

Ü 226

a	b	c	d
C	D	A	B

Ü 227 a) Beamter b) Formular c) Urkunde

Ü 228

a	b	c	d	e
E	D	B	A	C

Ü 229 a) Maßnahmen b) Vorschriften c) Genehmigung d) Kontrolle e) Schutz

Ü 230 a) anmelden ... abmelden b) beantragen c) eintragen d) ausfüllen e) regeln f) nachweisen

Ü 231 a) Paragraph b) Wartesaal c) Stempel

Ü 232 a) zwingen b) bestraft *(bestrafen)* c) gestohlen *(stehlen)* d) beweisen e) verurteilt *(verurteilen)* f) betrügt *(betrügen)*

Ü 233 a) Dieb b) Zeugin c) Verbrecher d) Rechtsanwältin/Verteidigerin e) Richter

Ü 234 a) zartes b) hohes c) weiten d) schwierige e) dicken

Ü 235

a	b	c	d	e
B	E	A	D	C

Ü 236 a) Mörder b) Häftling c) Einbrecher d) Betrüger e) Kommissar

Ü 237 a) Motiv b) Staatsanwalt c) Jurist (Staatsanwalt) d) Täter
e) Beute f) Vernehmung g) Aussage

Ü 238 a) fliehen b) verstoßen c) schwören

Ü 239 Anzeige … Klage … Verhandlung … Urteil … Berufung

Ü 240 a) Zuschauer b) Künstler c) Rolle d) Bühne e) Text f) Museum
g) Kino h) Instrument i) Kapitel j) Eintritt k) Titel

Ü 241 a) Regisseur b) Motiv c) Leser d) Akt e) Pinsel f) Schriftsteller
g) Szene h) Komödie i) Galerie

Ü 242

a	b	c	d	e
C	E	B	A	D

Ü 243 a) Beifall b) Melodie c) Orchester (Konzert) d) Oper e) Konzert

Ü 244 a) singt b) sieht c) macht eine d) weiß jede e) besucht ein
f) singt ein

Ü 245 a) Sänger b) Geige c) Plattenspieler d) Kapelle

Ü 246 a) Komponist b) Chor c) Schlager d) Kapelle

Ü 247 a) Buch, Illustrierte, Zeitung, Presse b) Fernsehen, Rundfunk, Film, Radio, Sendung

Ü 248 a) Nachrichten b) Fernseher/Fernsehapparat c) Sprecher(in)
d) Programm e) Verlag

Ü 249 a) Übertragung b) Hörer c) Empfang d) Veröffentlichung
e) Störung f) Zeitschrift

Ü 250 a) ein Tonbandgerät b) den Wetterbericht c) eine Redaktion
d) eine Störung e) einen Hörer

Ü 251

a	b	c	d	e	f
C	D	F	A	B	E

Ü 252 a) einen Namen b) Sport c) ein Spiel d) sich von einem Foto

Ü 253 a) Bild b) Freizeit c) Foto d) Spiel e) Vergnügen

Ü 254 a) Arbeit b) Bummel c) Tanz d) Dia

Ü 255 a) ins Bett b) im Wald c) in der Wohnung d) Lederstiefel e) im
Garten f) sich mit der Zeit

Ü 256 a) Kabine b) Ball c) Mannschaft d) Sport e) Stadion f) Tor
g) Training

Ü 257 a) Golf spielen b) segeln c) turnen d) reiten e) schießen
f) Tennis spielen g) tauchen h) Ski laufen i) Rad fahren
j) rudern

Ü 258

a	b	c	d	e	f	g
D	E	F	B	G	A	C

Ü 259 a) Grenze b) Ausländer c) Öffentlichkeit d) Wahl e) Staaten
f) Demokratie g) Heimat

Ü 260 a) Verhandlung b) Macht c) Wahl d) Land e) Freiheit

Ü 261 a) ausländisch b) freiheitlich c) staatlich d) demokratisch
e) politisch f) gesetzlich

Ü 262 a) Finanzminister(in) b) Außenminister(in) c) Innenminister(in) d) Abgeordnete(r) e) Kaiser(in)/König(in) f) Spion(in)

Ü 263 a) Koalition b) Propaganda c) Unruhen … Demonstrationen
d) Gleichberechtigung e) Mehrheit f) Reform g) Rücktritt
h) Opposition i) Abkommen j) Nachfolgers k) Stellvertreter

Ü 264 a) Wahrheit b) Kommunismus c) Unterdrückung d) Königreich e) Opposition f) Innenpolitik

Ü 265 a) bürgerlich b) inländisch c) diplomatisch d) kommunistisch
e) kapitalistisch f) national (nationalistisch) g) sozialistisch
h) unabhängig i) königlich

Ü 266

a	b	c	d
B	D	A	C

Ü 267 a) Armee b) Feind c) Frieden d) Widerstand e) Bedrohung
f) Sieger

Ü 268

a	b	c	d
B	C	D	A

Ü 269 a) Bombe b) Waffen c) Soldat d) Zerstörung

Ü 270 a) Großmacht b) Niederlage c) Abrüstung d) Flüchtling
e) Held f) Verbündeter

Ü 271 a) Alarm b) Atombombe c) Bundeswehr d) Großmächte
e) Held(in) f) Kugel g) Verbündete h) Niederlage

Ü 272 a) einen Alarm b) eine Armee c) die Flucht d) ein Kommando
e) vor dem Frieden f) in die Flucht

Ü 273 a) lange b) harten c) ordentliches d) breites

Ü 274 a) Gott b) Weihnachten c) Seele d) Christ e) Bibel f) Gottesdienst

Ü 275 a) Bischof b) Teufel c) Hölle d) Himmel e) Papst f) Ostern
g) Islam h) heiliger Geist

Ü 276 a) Ferien b) Klasse c) Pause d) Ausbildung e) Studium
f) Studenten g) Thema

Ü 277 a) Aufmerksamkeit b) Kurs c) Schule d) Text e) Übung

Ü 278 a) Heft, Papier, Füller, Kugelschreiber b) Institut, Professor,
Semester, Student, Universität, Hochschule c) Gymnasium,
Schüler, Klasse, Hausaufgabe

Ü 279 a) Prüfung b) Test c) Fehler d) Lösungen e) Note f) Zeugnisse

Ü 280

a	b	c	d
C	A	B	D

Ü 281 a) Hochhaus, Kirche, Bauernhof, Schule, Sporthalle b) Gemeinde, Straße, Platz, Dorf, Ort, Siedlung, Stadt

Ü 282 a) Dorf b) Stadt c) Halle d) Siedlung e) Platz f) Straße

Ü 283 a) Bauernhof b) Stall c) Rathaus d) Großstadt

Ü 284 a) Ruine b) Brunnen c) Mühle d) Turm e) Schloß f) Denkmal

Ü 285 a) Allee b) Grundstück c) Vorort d) Zoo e) Umgebung
f) Berghütte

Ü 286 A) See B) Insel C) Felsen D) Feld E) Landstraße F) Weg
G) Fluss H) Gebirge I) Hügel J) Wald K) Ufer L) Wiese M) Berg
N) Brücke

Ü 287 **a)** Aussicht **b)** Nordseeküste **c)** Park **d)** Land **e)** Gegend
f) Sportgelände **g)** Tal
Ü 288 **Wasser:** Kanal, Bach, See, Strom, Teich   **kein Wasser:**
Sand, Wüste, Burg, Erdboden, Klippe
Ü 289 **a)** Horizont **b)** Wüste **c)** Strömung **d)** Abhang **e)** Pfad
f) Klippen
Ü 290 **A)** Norden **B)** Osten **C)** Süden **D)** Westen
Ü 291 **a)** östlicher *(östlich)* **b)** westlich **c)** nördlichen *(nördlich)*
d) südliche *(südlich)*
Ü 292 **a)** Erde **b)** Land **c)** Wasser **d)** Temperatur **e)** Stein **f)** Luft
g) Licht **h)** Himmel **i)** Meer **j)** Sonne
Ü 293 **a)** Gipfel **b)** Mond **c)** Ozean **d)** Schatten **e)** Rauch **f)** Straßen-
karte
Ü 294 **a)** Planet **b)** Nordpol **c)** Kontinent **d)** Schlamm **e)** Weltall
f) Festland **g)** Strand **h)** Ebbe und Flut
Ü 295 **(B)** der Hund **(D)** das Kalb **(I)** die Kuh **(A)** die Katze **(E)** das
Pferd **(F)** das Schwein **(G)** der Vogel **(C)** das Insekt
(H) der Fisch
Ü 296 **a)** Ochse, Ziege **b)** Wurm, Fliege **c)** Kaninchen, Lamm
d) Schlange, Fisch **e)** Elefant, Wolf

Ü 297

a	b	c	d	e	f
C	A	E	F	D	B

Ü 298 **(M)** Affe **(K)** Kaninchen **(H)** Schlange **(P)** Biene **(R)** Lamm
(G) Schmetterling **(O)** Elefant **(I)** Löwe **(L)** Ente **(E)** Maus
(F) Taube **(N)** Gans **(A)** Wolf **(J)** Hahn **(C)** Wurm **(Q)** Henne
(B) Schaf **(D)** Ziege
Ü 299 **a)** Blume **b)** Baum **c)** Gras **d)** Wurzeln **e)** Ernte **f)** Getreide
Ü 300 **a)** Tomate **b)** Traube **c)** Strauß **d)** Stamm **e)** Samen
Ü 301 **a)** heiß **b)** warm **c)** kühl **d)** kalt
Ü 302 **a)** Wind **b)** Frost **c)** Hitze **d)** Tropfen **e)** Schnee **f)** Klima
g) Wolke **h)** Kälte **i)** Sturm **j)** Nebel
Ü 303 **a)** Blitz und Donner **b)** Eis **c)** Schauer **d)** Sonnenschein
e) Katastrophe
Ü 304 **a)** -maschine **b)** -apparat **c)** -motor **d)** -automat
Ü 305 **a)** Lärm **b)** Glas **c)** Technik **d)** Holz
Ü 306 **a)** dicht **b)** automatisch **c)** elektrisches *(elektrisch)* **d)** techni-
schen *(technisch)*
Ü 307 **a)** Brett **b)** Elektrizität **c)** Gebrauchsanweisung **d)** Konstruk-
tion **e)** Rost **f)** Dichtung **g)** Verfahren
Ü 308 **a)** Atomenergie **b)** Lautsprecher **c)** Modell **d)** Spannung
e) Kapazität

Ü 309

a	b	c	d	e	f	g
D	F	E	A	G	C	B

Ü 310 **a)** fein **b)** flüssig **c)** alt **d)** trocken **e)** kalt **f)** leicht **g)** weich
Ü 311 **a)** stabil **b)** reinem **c)** lose **d)** locker
Ü 312 **a)** Busreise **b)** Abreise (Abfahrt) **c)** Ankunft **d)** Aufenthalt
e) Übernachtung **f)** Hotel **g)** Abfahrt **h)** Ankunft **i)** Rasthaus

j) Verpflegung **k)** Ausland **l)** Pass **m)** Passagier **n)** Koffer
o) Gepäck **p)** Ticket **q)** Platzkarte **r)** Stadtplan

Ü 313 **a)** verpassen **b)** packen **c)** verreisen **d)** übernachten **e)** ankommen

Ü 314 **a)** Reisebüro **b)** Campingplatz **c)** Visum **d)** Zimmervermittlung **e)** Station **f)** Rückfahrkarte

Ü 315 **a)** Abflug **b)** Einreise **c)** Besichtigung **d)** Führer **e)** Heimfahrt **f)** Rückkehr **g)** Saison

Ü 316 **a)** reservieren **b)** buchen **c)** auspacken **d)** umsteigen **e)** verzollen **f)** erreichen

Ü 317 **a)** Verkehrsschild **b)** Kreuzung **c)** Kurve **d)** Ampel

Ü 318 Autofahrrad, Autofußgänger

Ü 319 **a)** Ausfahrt **b)** Fahrrad **c)** Fußgänger **d)** Geschwindigkeit **e)** Taxi **f)** Umleitung

Ü 320 **a)** geradeaus **b)** einen Unfall **c)** den Fußgänger **d)** am Lenkrad **e)** leicht

Ü 321

a	b	c	d	e	f
D	A	E	F	B	C

Ü 322

a	b	c	d	e
C	D	A	E	B

Ü 323 **a)** Motorrad **b)** Auto/Wagen **c)** Traktor
d) Lastwagen/LKW **e)** Moped **f)** Bus

Ü 324 **a)** Tankstelle **b)** Reparatur **c)** Panne **d)** Parkplatz

Ü 325 **a)** Anhänger **b)** Scheinwerfer **c)** Kofferraum **d)** Rücklicht

Ü 326 **a)** Traktor **b)** Moped **c)** Parkuhr **d)** Bremse **e)** Führerschein **f)** Werkstatt **g)** Baujahr

Ü 327 **a)** fliegen **b)** Bahnhof **c)** Abfahrt **d)** Pilot **e)** Untergrundbahn **f)** Hafen **g)** starten **h)** landen

Ü 328 **a)** auslaufen, Seereise, Wrack, untergehen, Matrose, versinken, anlegen **b)** landen, abfliegen, Flugreise, Flugbesatzung, abstürzen

Ü 329 **a)** Irland **b)** Großbritannien **c)** Norwegen **d)** Schweden **e)** Finnland **f)** Dänemark **g)** Niederlande **h)** Belgien **i)** Frankreich **j)** Spanien **k)** Portugal **l)** Deutschland **m)** Polen **n)** Tschechische Republik **o)** Slowakei **p)** Schweiz **q)** Italien **r)** Österreich **s)** Ungarn **t)** Rumänien **u)** Bulgarien **v)** Griechenland **w)** Türkei **x)** Ukraine **y)** Weissrussland **z)** Russland

Ü 330 **a)** Afrika **b)** Amerika **c)** Asien **d)** Australien **e)** Europa

Ü 331 **a)** Amerikaner(in) ... amerikanische ... amerikanisch (englisch) **b)** Österreicher(in) ... österreichische ... österreichisch (deutsch) **c)** Enländer(in) ... englische ... englisch **d)** Brite/Britin ... britische **e)** Deutscher/Deutsche ... deutsche ... deutsch **f)** Saudiaraber(in) ... arabisch **g)** Europäer ... europäische

Ü 332 a) Türkin … türkisch b) Chinesin … chinesisch c) Französin … französisch d) Griechin … griechisch e) Holländerin … holländisch f) Inderin … indisch g) Irin … irisch h) Italienerin … italienisch i) Japanerin … japanisch j) Polin … polnisch k) Russin … russisch l) Spanierin … spanisch

Ü 333 a) Frühjahr/Frühling b) Winter c) Sommer d) Herbst

Ü 334 a) Jahr b) Monat c) Woche d) Tag

Ü 335 a) halbjährlich b) das Vorjahr c) Wochenende d) (all) jährlich e) monatlich f) wöchentlich g) täglich

Ü 336 b) am zwanzigsten März c) am vierundzwanzigsten Dezember d) am dreißigsten Juni

Ü 337 a) Februar b) Oktober c) Dezember d) April e) Juli f) August g) Januar h) September

Ü 338 (a) Dienstag (b) Sonntag (c) Montag (d) Donnerstag (e) Mittwoch (f) Samstag (g) Freitag

Ü 339 Morgen, Vormittag, Mittag, Nachmittag, Abend, Mitternacht, Nacht

Ü 340 a) nachts b) morgens c) abends d) mittags

Ü 341 a) Sekunden b) Viertelstunde c) Minuten d) Stunden

Ü 342

a	b	c	d	e	f
C	E	A	F	D	B

Ü 343 a) Moment b) Ende c) welches Datum d) Anfang e) im vorigen Jahrhundert

Ü 344

a	b	c	d
C	D	A	B

Ü 345 a) Gegenwart b) Höhepunkt c) Zeitraum d) Mittelalter

Ü 346 a) Verspätung b) Verzögerung c) Weile d) Frist e) Jahresende

Ü 347 a) die Uhr b) der Parkplatz c) eine U-Bahn d) die Wohnung e) der Fußball

Ü 348 a) dauert … an *(andauern)* b) fortsetzen c) verkürze *(verkürzen)* d) verschieben

Ü 349 a) endgültig b) kurz c) nächst- d) pünktlich e) vorläufig f) rechtzeitig g) plötzlich h) regelmäßig i) gleichzeitig j) ständig k) häufig

Ü 350 a) langes *(lang)* b) früherer *(früher)* c) früh d) spät e) voriges *(vorig)* f) modern g) heutige *(heutig)*

Ü 351 a) kurzfristig b) bisherigen c) vorübergehend d) jahrelang e) künftig f) gegenwärtigen g) gelegentlich

Ü 352 a) damals, früher, neulich, gestern, vorgestern, vorbei, vor kurzem, vorhin b) morgen, später, übermorgen, bald c) soeben, heutzutage, heute, zur Zeit, jetzt, gerade

Ü 353 1) Zuerst (Zunächst, Erst) 2) dann (danach) 3) nun (dann, danach, jetzt) 4) Inzwischen (Jetzt, Dann, Danach) 5) Nun (Dann, Danach, Jetzt) 6) Zugleich (Dann, Danach, Jetzt) 7) Inzwischen (Dann, Danach, Nun, Jetzt) 8) Danach (Dann) 9) Nun (Jetzt, Dann, Danach) 10) Zuletzt

Ü 354	**a)** nie **b)** früher **c)** kurz **d)** selten
Ü 355	**a)** sofort **b)** nie **c)** kaum **d)** schon **e)** mehrmals
Ü 356	**a)** längst **b)** bisher **c)** dauernd **d)** diesmal **e)** noch **f)** gleich **g)** jemals **h)** endlich
Ü 357	**a)** bald **b)** gegenwärtig **c)** immer **d)** manchmal **e)** bisher
Ü 358	**a)** neuerdings **b)** dazwischen **c)** daraufhin **d)** zum ersten Mal
Ü 359	**a)** zwischen **b)** während **c)** bis **d)** nach **e)** seit
Ü 360	**a)** bevor, ehe **b)** wenn, sobald **c)** nachdem (sobald) **d)** solange **e)** wenn, sobald **f)** bevor, ehe
Ü 361	**A)** Abstand **(B)** Länge **(C)** Breite **(1)** **(D)** Höhe **(E)** Größe **(F)** Länge **(G)** Tiefe **(2)** **(H)** Entfernung
Ü 362	**a)** Stelle **b)** Spitze **c)** Mitte **d)** Ende **e)** Ziel **f)** Seite **g)** Ort
Ü 363	**a)** Lage **b)** Platz **c)** Rand **d)** Nähe **e)** Raum (Platz) **f)** Punkt
Ü 364	**a)** an der Vorderseite **b)** im Zentrum **c)** im Hintergrund **d)** an der Oberfläche **e)** auf der Außenseite
Ü 365	**a)** A **b)** F **c)** B **d)** D **e)** E **f)** C
Ü 366	**a)** F **b)** G **c)** A **d)** H **e)** G **f)** I **g)** B **h)** B **i)** I **j)** G **k)** A **l)** D, E
Ü 367	**a)** umgeben **b)** zentral **c)** aufrecht **d)** senkrecht
Ü 368	**a)** dahinter **b)** davor **c)** darunter **d)** darüber **e)** daneben **f)** daneben
Ü 369	**a)** herunter **b)** hinüber **c)** hinein **d)** hinauf **e)** hinaus **f)** herein **g)** heraus **h)** herum
Ü 370	**a)** A fährt aufwärts … B fährt abwärts **b)** A biegt links ab … C biegt rechts ab … B fährt geradeaus **c)** draußen … drinnen **d)** auseinander **e)** quer **f)** entlang **g)** darauf **h)** dazwischen **i)** rückwärts
Ü 371	**a)** irgendwo **b)** überall **c)** nirgendwo/nirgends
Ü 372	**a)** rückwärts **b)** vorn **c)** innen **d)** tief
Ü 373	**a)** hier **b)** bei **c)** Dahin **d)** daran **e)** darin **f)** daher **g)** daraus **h)** her
Ü 374	**a)** Wo **b)** Wohin **c)** Woher **d)** Worauf (Wohin)
Ü 375	**a)** dorthin **b)** drüben **c)** heran **d)** herunter
Ü 376	**a)** herab **b)** dahinter **c)** hindurch **d)** hinterher **e)** herauf
Ü 377	**a)** ① an ② auf ③ unter ④ zwischen **b)** ① innerhalb ② außerhalb **c)** ① nebenan ② gegenüber **d)** hinter **e)** oberhalb **f)** durch
Ü 378	**a)** aus **b)** Von … bis **c)** von **d)** vor **e)** um
Ü 379	**a)** Prozent **b)** die Hälfte **c)** ein Viertel **d)** ein Drittel **e)** Summe **f)** ein Dutzend **g)** Mehrheit **h)** Zahlen
Ü 380	**a)** Umfang **b)** Inhalt **c)** Stück **d)** Rest **e)** Gruppe **f)** Ziffer
Ü 381	**a)** gezählt *(zählen)* **b)** wiegt *(wiegen)* **c)** gemessen *(messen)* **d)** zugenommen *(zunehmen)* **e)** schätze *(schätzen)* **f)** enthält (enthalten)
Ü 382	**a)** einige **b)** fast alle **c)** nicht viel **d)** eine Menge **e)** zweifach
Ü 383	**(a)** halbvoll **(b)** viertel voll **(c)** ganz leer **(d)** fast voll **(e)** ganz voll **(f)** fast leer
Ü 384	**a)** Höhe **b)** Auswahl **c)** Paar **d)** Zunahme **e)** Betrag